Katzen
Unsere zärtlichen Freunde

© NEUER HONOS VERLAG
Gesamtherstellung: NEUER HONOS VERLAG, Köln
Titelmotiv: Okapia

Antje Breuer

Katzen
Unsere zärtlichen Freunde

Anschaffung
Rassen
Abstammung
Erziehung
Pflege
Gesundheit
Zusammenleben

INHALT

Einleitung	7
Die Katze –	
ein Menschenfreund	10 – 23
Wie die Katze mit dem Menschen Freundschaft schloß	10
Samtpfötchen streicheln die Seele	14
Katzen sind keine Plüschtiere	16
Der Katzenmensch	18
Ein oder zwei Katzen	21
Wie und wo man seine Katze findet	24 – 39
Welche Katze soll es sein?	24
„Kätzin" oder Kater	26
Es muß keine „Mai-Katze" sein	28
Der richtige Weg zur Katze	29
Katzenschutz	30
Nicht die „Katze im Sack" kaufen	34
Portrait der Rassekatzen	40 – 105
Zucht, Standard und Ausstellung	40
Katzenzucht ist kein Geschäft	43
Langhaarkatzen	46 – 53
Halblanghaarkatzen	54 – 69
Kurzhaarkatzen	70 – 105

Die Katzenwohnung	106 – 123
Was die Katze zu ihrem Glück braucht	106
Sicherer Transport	108
Das stille Örtchen	110
Der Katzentisch	112
Platz zum Kuscheln	114
Kratzen und Klettern	116
Die Spielzeugkiste	118
Gras zum Knabbern	120
Frische Luft	122
Wie man sich aneinander gewöhnt	124 – 137
Hitliste der Katzennamen	124
Der sechste Sinn	125
Die Sprache der Katze	128
Erziehung „für die Katz?"	132
Verhaltensprobleme	134
Die Speisekarte der Katze	138 – 145
Katzen sind keine Müllschlucker	138
Abwechslungsreiches Katzenmenü	139
Milch oder Wasser?	142
Wieviel Futter darf es sein?	143

Gepflegt vom Kopf bis zu den Pfoten 146 – 151

Katzenwäsche	146
Mit Kamm und Bürste	146
Augen und Ohren	148
Gesunde Zähne	148
Krallenpflege	149
Katzen und Wasser	150

Die Gesundheit 152 – 163

Beim Tierarzt	152
Schutz durch Impfungen	154
Viruserkrankungen und ihre Symptome	156
Würmer und andere Parasiten	157
Was Ihrer Katze gefährlich werden kann	158
Ein freudiges Ereignis	160

Das Zusammenleben 164 – 173

Schmusen und Spielen	164
Kind und Katze	166
Hund und Katze	168
Mit Katzen reisen	170
Urlaub ohne Katze	172
Umzug mit Katze	173

Vergangenheit und Gegenwart 174 – 187

Legenden, Volksmund und Zitate	174
Katzen in Literatur, Märchen und Musik	178
Kunst und Katze	180
Berühmte Katzenfreunde	183

Register 188 – 189

Glossar 190

Adressen von Verbänden und Klubs 191

Bildnachweis 192

Literaturverzeichnis 192

Dank

Wir danken allen Katzenfreunden und Verbänden, die uns mit fachlichem Rat unterstützt haben. Unser besonderer Dank gilt dem Verein Deutscher Katzenfreunde, dem Katzenschutzbund und Dr. med. vet. Clemens Niemann.

EINLEITUNG

„Das Leben und dazu eine Katze, das gibt eine unglaubliche Summe, ich schwör's Euch!" Der Dichter Rainer Maria Rilke wußte, wovon er sprach. Wie viele andere Poeten ließ er sich von schnurrenden Katzen inspirieren.

Die Katze ist ein Wesen, das mit keinem anderen Haustier vergleichbar ist. Trotz Domestizierung ist sie bis heute geblieben, was sie schon immer war: ein samtpfötiger Individualist mit scharfen Krallen – sanft und anschmiegsam, aber auch stolz und stets auf seine Unabhängigkeit bedacht. So ist es kein Zufall, daß unter den Diktatoren der Geschichte keine Katzenfreunde zu finden sind.

Wer mit einer Katze harmonisch unter einem Dach leben will, muß tolerant sein und die Wünsche seines vierbeinigen Partners respektieren. Stubentiger lassen sich nicht von dem Menschen vereinnahmen, sondern gesellen sich zu ihm, wenn sie Lust auf Streicheleinheiten haben. Die Rücksichtnahme auf Gefühle, die sie selbst erwarten, bringen sie auch dem Menschen entgegen, und die Zärtlichkeit, die sie bekommen, geben sie doppelt zurück.

Voraussetzung ist allerdings, daß man sich Mühe macht, die Katzensprache, die sich keineswegs auf das Miau beschränkt, zu verstehen. Die vielgeliebten und gehaßten Stubentiger sind nämlich keineswegs falsch und hinterlistig. Wer die ausgepägte Körpersprache, mit der die samtpfötigen Individualisten Wünsche und Ängste signalisieren, richtig deutet, wird die von Katzenfeinden gefürchteten Krallen nicht zu spüren bekommen.

Da kein anderes Haustier soviel Ruhe, Zufriedenheit und Harmonie ausstrahlt, sind Katzen die idealen Partner für junge und ältere Singles ebenso wie für Familien mit Kindern. Längst ist erwiesen, daß die Samtpfötchen und das Schnurren eines Haustigers eine hervorragende Therapie gegen trübe Gedanken, Ängste, Einsamkeit und Streß sind.

Katzen sind nicht nur ein Musterbeispiel für Sauberkeit, sondern auch sehr anpassungsfähig und genügsam, was ihre Umgebung betrifft. Im Vergleich zu anderen Haustieren sind sie ausgeprochen pflegeleicht und nehmen es auch nicht übel, wenn man sie einmal allein läßt. Das wiederum führt allerdings häufig dazu, daß sich zu viele Menschen allzu leichtfertig für eines dieser drolligen Wollknäuel entscheiden und sich dann ebenso spontan wieder von ihm trennen.

Rund 350.000 Katzen landen alljährlich im Tierheim, und unzählige werden – vor allem zur Ferienzeit – einfach ausgesetzt. Die Trennung vom Menschen hinterläßt bei der sensiblen Katzenseele Spuren, die oft nicht mehr reparabel sind. Ob Haus- oder Rassekatze – der Mensch bedeutet ihnen mehr als jeder Artgenosse.

Wer sich eine Katze anschafft, muß wissen, worauf er sich einläßt und bereit sein, das Tier mit all seinen individuellen Charaktereigenschaften so zu akzeptieren, wie es ist – ein ganzes Leben lang. Da Katzen zwanzig Jahre alt werden können, übernimmt man die Verantwortung für einen langen Zeitraum. Zu der Verantwortung gehört auch, daß man Kätzin wie Kater kastrieren läßt, damit nicht noch mehr Tiere geboren werden, die später kein Zuhause finden. Mehr als jedes andere Tier brauchen die samtpfötigen Hausgenossen die Zuneigung des Menschen. Und das nicht nur als junges Kätzchen, sondern auch als ausgewachsener Stubentiger.

DIE KATZE – EIN MENSCHENFREUND

Wie die Katze mit dem Menschen Freundschaft schloß

Die Katze ist ein rätselhaftes Wesen mit geheimnisvoller Vergangenheit. Um ihre Herkunft rankt sich eine ganze Reihe von Legenden, die bis ins 7. Jahrtausend v. Chr. zurückgehen. Nach jahrhundertelanger Forschung ist man sich heute ziemlich sicher, daß unsere Katzen von der Nubischen Falbkatze (Felis silvestris lybica) abstammen: klein und schlank mit schmalem Kopf, großen Ohren, langem, spitzem Schwanz und kurzem, sandfarbenem bis rötlichbraunem, geflecktem oder gestreiftem Fell. Die lange Zeit ebenfalls als Urahn vermutete Europäische Wildkatze (Felis silvestris silvestris) ist

dagegen sehr scheu, hat einen gedrungenen Körperbau, einen dicken Kopf und einen kurzen und dicken Schwanz.

So ganz einig sind sich die Gelehrten bis heute nicht, wann und wo die Katze zum Haustier wurde: bereits 7000 v. Chr. in Jericho oder im 6. Jahrtausend v. Chr. im anatolischen Hacilar? Als Beweis für die zweite Theorie werden Funde von Statuetten angeführt, die mit Katzen spielende Frauen darstellen. Die ältesten eindeutigen Beweise für die Katze als Haustier sind rund 5000 Jahre alt und stammen aus Ägypten. Die Mäusejäger kamen dorthin, wo die Menschen ihr Getreide lagerten und schützten die Vorräte vor den gefräßigen Nagern. Die alten Ägypter dankten den Katzen mit Liebe, Verehrung und Pflege. Sie galten als heilig und unantastbar.

Oben: Die kräftige und sehr scheue Europäische Wildkatze galt lange Zeit als der Urahn unserer Hauskatze.
Links: Heute geht man davon aus, daß unsere Hauskatze von der kleineren und schlankeren Nubischen Falbkatze abstammt.
Rechte Seite: Wildkatzen

DIE KATZE – EIN MENSCHENFREUND

*Oben: Die Bronze-Statue einer Ägyptischen Tempelkatze, die als heiliges Tier der Göttin Bastet verehrt wurde.
Rechts: Starb eine Katze, wurde sie einbalsamiert und feierlich beigesetzt. Beide Statuen sind im Kestner Museum in Hannover zu bewundern.*

Die Katze wurde zu einem göttlichen Wesen, gepflegt von hochgeachteten Katzenpriestern und Katzenoberpriestern, die nicht von ihrer Seite wichen. Eine Wallfahrtsstätte der Katzenanbeter war der Tempel der Fruchtbarkeitsgöttin Bastet, die mit dem Körper einer Frau und dem Kopf einer Katze dargestellt wurde. Wenn eine Katze starb, wurde sie balsamiert und in den geweihten Grüften auf dem zum Tempel gehörenden Katzenfriedhof der im Osten des Nildeltas gelegenen Stadt Bubastis feierlich beigesetzt. Als Zeichen der Trauer sollen sich die Besitzer die Augenbrauen abrasiert haben.

Die Tötung einer Katze wurde hart bestraft, oft sogar mit dem Tode. Die Verehrung der Katzen ging so weit, daß die Ägypter ihretwegen sogar eine Schlacht verloren. Nach wochenlangem, vergeblichem Versuch, die ägyptische Stadt Pelusion zu erobern, ließ der Perserkönig Kambyses im Jahr 525 v. Chr. Katzen auf die Schilde seiner Krieger binden. Seine Rechnung ging auf. Die Ägypter ergaben sich ohne Gegenwehr.

Erst sehr viel später gelangte die Hauskatze – vermutlich aus Ägypten – auch nach Indien. Noch heute gelten Katzen bei den Hindus und den Moslems als heilig. Prophet Mohammed, der Stifter des Islam, gehörte zu den großen Katzenfreunden der Geschichte und erließ strenge Gesetze zum Schutz der Katzen.

Auch im alten China wurden Katzen nicht nur als Mäuse- und Rattenfänger geschätzt. Das chinesische Wort „Mao" heißt „Katze" und gleichzeitig auch „achtzigjährig". Die Katze galt als Symbol für Glück und ein langes Leben. Im übrigen glaubten die Chinesen, daß die Katze eine Seele hat wie der Mensch.

In Japan schrieb man den Katzen magische Kräfte zu. Sie schützten nicht nur die Seidenraupenzuchten, sondern auch die göttlichen Schriften in den Tempeln vor Ratten. Verdiente Minister wurden von der kaiserlichen Familie mit einer Katze beschenkt. Wer eine Katze besaß, galt als vornehm und reich.

Durch Legionäre, Kaufleute und Mönche gelangte die Katze nach Griechenland und Italien. Sie wurde zum Symbol für Freiheit und Unabhängigkeit. Eine Katze zierte das Wappen des neapolitanischen Patriziergeschlechts „della Gata", und im römischen Tempel für Tiberius Gracchus lag der Freiheitsgöttin eine Katze zu Füßen.

WIE DIE KATZE MIT DEM MENSCHEN FREUNDSCHAFT SCHLOSS

Mit den Römern kamen die ersten Hauskatzen nach England. Auch dort wurden sie als Mäusefänger geschätzt und ausgesprochen gut behandelt. Sie bewachten die Kornkammern des Königs, und in Südwales wurde sogar ein Gesetz zum Schutz der Hauskatzen erlassen. In Irland galten sie als Glücksbringer und gute Geister, und der Führer des schottischen Clans „Chattan" war stolz auf den Namen „Große Katze". Von England aus gelangte die Hauskatze in andere europäische Länder und mit den ersten Siedlern schließlich auch in die Neue Welt.

Im Mittelalter war es jedoch in Europa für einige Jahrhunderte mit dem friedvollen Katzenleben vorbei. Hexenjagd bedeutete Jagd auf Katzen und ihre Halter. Nach zuvor göttlicher

Verehrung sagte man den Katzen – insbesondere den schwarzen – nun alles Böse nach. Sie wurden gejagt, auf grausamste Weise gequält und getötet.

Abergläubische Menschen meinen noch heute, daß es Unglück bringt, wenn eine schwarze Katze von links ihren Weg kreuzt. Vielen ist die Katze, die trotz Domestizierung ihre Individualität und ihren majestätischen Gang bewahrt hat, nach wie vor unheimlich. Sie sehen nicht die Samtpfötchen, sondern die Krallen, halten sie für falsch und hinterlistig, fürchten ihren durchdringenden Blick und nehmen ihr übel, daß sie sich nicht wie ein Hund dem Menschen unterordnet. Bezeichnenderweise waren fast alle Diktatoren der Geschichte Katzenhasser.

Richtig ist, daß Katzen ausgeprägte Individualisten sind, die längst nicht immer das tun, was die Menschen von

Oben: Schwarze Katzen hatten im Mittelalter ein schweres Los. Während der Hexenverfolgungen wurden sie gejagt, bestialisch gequält und getötet. Abergläubische Menschen machen noch heute einen großen Bogen um schwarze Katzen.

ihnen erwarten. Die Katze ist es, die sich dem Menschen anschließt, und nicht nur in dieser Beziehung ist sie sehr wählerisch. Gerade das ist es jedoch, was Katzenfreunde an ihr schätzen. Und ihre Zahl wächst beständig. Inzwischen hat die Katze dem Hund als Haustier bereits den Rang abgelaufen. Über fünf Millionen Katzen leben heute allein in Deutschland mit Menschen unter einem Dach. Gibt es einen besseren Beweis für die Freundschaft zwischen samtpfötigen Vierbeinern und den Menschen?

DIE KATZE – EIN MENSCHENFREUND

Samtpfötchen streicheln die Seele

Katzen geben mehr, als sie fordern. Sie sind sanft und anschmiegsam, anhänglich und sauber, stellen weder an den Menschen noch an ihre Umgebung hohe Ansprüche. Singles jeden Lebensalters gibt die Katze das Gefühl, gebraucht zu werden, und Kinder lernen durch sie gegenseitige Rücksichtnahme und Toleranz. Ihr Schnurren ist Musik in den Ohren eines jeden Katzenbesitzers. Samtpfötchen streicheln die Seele.

„Wer eine Katze hat, braucht das Alleinsein nicht zu fürchten." Wie recht Daniel Defoe hatte, als er diesen Satz Anfang des 18. Jahrhunderts in seinem ersten Roman „Robinson Crusoe" schrieb. Einsamkeit gehört heute zu den Zivilisationskrankheiten Nummer eins, unter der Menschen jeden Lebensalters leiden – junge Singles ebenso wie Senioren. Nach Ansicht vieler Psychologen und auch Mediziner läßt sich das Symptom Einsamkeit mit einer Katze besser und vor allem gesünder kurieren als mit Tabletten. Und das ist keineswegs nur eine Vermutung, sondern inzwischen auch bereits durch zahlreiche Studien belegt. Sie alle beweisen, daß Katzen Harmonie und Zufriedenheit vermitteln, von trüben Gedanken und Problemen ablenken.

Oben: Immer mehr Männer entdecken ihre Liebe zu den vierbeinigen Samtpfötchen.
Links: Besonders Singles, junge wie ältere, genießen die Schmusestunden mit dem Stubentiger. Das Schnurren läßt Einsamkeit und Probleme vergessen, macht glücklicher und zufriedener.

Siebenhundert Katzenbesitzer nahmen an einer umfangreichen Studie des Bonner Psychologen Prof. Dr. Reinhold Bergler teil. Ergebnis: Sie sind glücklicher und ausgeglichener als Menschen ohne Katze. „Bei einem Menschen, der ständig und selbstverständlich mit einer Katze lebt, treten ganz bestimmte Gefühlsdefizite, Befürchtungen, Ängste, auch Gefühle der Einsamkeit, psychologisch wie medizinisch negative Verhaltensweisen und Risiken nicht auf."

Die amerikanische Psychologin Eileen B. Karsh stellte nach Abschluß einer Studie bei siebzehn alleinstehenden Senioren im Durchschnittsalter von 59 Jahren fest, daß die Anwesenheit einer Katze das Leben und auch den Gesundheitszustand positiv beeinflussen. Die Senioren mit Katze fühl-

Rechts: Kinder können von den vierbeinigen Individualisten viel lernen – Sauberkeit, Zärtlichkeit und vor allem Rücksichtnahme auf die Wünsche des anderen.

SAMTPFÖTCHEN STREICHELN DIE SEELE

ten sich weniger einsam, deprimiert und ängstlich. Bei vier Katzenbesitzern sank der Bluthochdruck und bei zwei Diabetikern der Blutzuckerspiegel.

Inzwischen laufen bereits erste Versuche, die es Bewohnern von Altenheimen ermöglichen, ihre Katze mitzunehmen. Und sie bestätigen ebenfalls, daß diese Menschen ausgeglichener, zufriedener und gesünder sind, da sie eine Aufgabe haben. Im Todesfall übernehmen andere Heimbewohner die Pflege der Katze.

Auch Studien, an denen Kinder und junge Erwachsene teilnahmen, bestätigen den positiven Einfluß der Katze auf den Gemütszustand und das Verhalten des Menschen: Nervöse wurden ruhiger, aggressive friedlicher, einsame fröhlicher. Sie unterstreichen damit die Meinung des Verhaltensforschers Dr. Michael W. Fox: „Katzen zeigen dem Menschen ihre Zuneigung auf die zarteste Art und Weise. Sie sind Freunde und Seelenverwandte – eine wahre Bereicherung in jedem Lebensabschnitt."

DIE KATZE – EIN MENSCHENFREUND

Katzen sind keine Plüschtiere

Katzen sind Lebewesen, die bereits als Individualisten geboren werden und es ihr Leben lang bleiben. Das wird vielfach vergessen, wenn man die niedlichen kleinen Wollknäuel sieht, die miteinander herumtollen und mit Samtpfötchen und sanftem Schnurren im Nu das Herz der Menschen gewinnen. Die Liebe auf den ersten Blick sollte jedoch niemanden verleiten, sich spontan für eine Katze zu entscheiden. Eine Katze ist kein Plüschtier, das man je nach Stimmung knuddeln und anschließend in die Ecke setzen kann. Die Katze ist es, die bestimmt, wann und mit wem sie schmust.

Die häusliche Gemeinschaft von Mensch und Katze funktioniert nur bei gegenseitiger Rücksichtnahme auf Gefühle und Gewohnheiten. Wer eine Katze zu sich nimmt, übernimmt die Verantwortung für ein Tier, das sehr sensibel reagiert und sich trotz Domestizierung seine Eigenarten bewahrt hat. Verantwortung beschränkt sich nicht darauf, das Tier zu füttern und zu pflegen. So wichtig wie Ernährung und Pflege ist der Respekt für den Hausgenossen, der charakterlich so unterschiedliche Eigenschaften entwickeln kann wie ein Mensch.

Katzen sind pflegeleicht, sauber und leise, kosten keine Hundesteuer und müssen nicht dreimal am Tag Gassi gehen – wenn es nur diese ganz profanen Argumente sind, die für die Anschaffung einer Katze sprechen, ist bereits am Anfang abzusehen, daß diese Gemeinschaft für beide Seiten früher oder später mit einem Fiasko endet. Und darunter leidet die Katze mehr als der Mensch. Tierschützer können ein Lied davon singen, wieviele Katzen alljährlich auf der Straße oder in einem Tierheim landen.

Wer mit dem Gedanken spielt, sich eine Katze anzuschaffen, sollte sich daher zuvor sehr genau informieren über ihr Wesen und ihre Eigenarten. Dem jungen, niedlichen Kätzchen sieht man nicht an, ob es später ein ruhiger Hausgenosse ist, seine Krallen zeigt, anschmiegsam ist oder sich lieber in eine Ecke zurückzieht. Wie Geschwister können sich auch Kätzchen aus einem Wurf sehr unterschiedlich entwickeln.

Es kann daher nicht schaden, sich schon vorher auf alle möglichen Untu-

Links: Beim Anblick spielender kleiner Kätzchen wird nur allzu leicht vergessen, daß sie nicht nur Samtpfötchen, sondern auch Krallen haben. Im Nu wird aus dem Wollknäuel ein ausgewachsener Haustiger, der als Individualist geboren wurde und es sein Leben lang bleibt.

KATZEN SIND KEINE PLÜSCHTIERE

genden einer Katze gedanklich vorzubereiten und genau abzuwägen, ob man bereit ist, sie in Kauf zu nehmen. Das gilt insbesondere, wenn die Katze zu einer Familie zieht. Der Wunsch darf nicht nur von einzelnen, sondern muß von allen Familienmitgliedern kommen. Wer nur die geringsten Zweifel hat, sollte sich mit einem Plüschtier begnügen, um sich selbst und dem Tier Enttäuschungen zu ersparen.

Im übrigen darf ein Tier – und insbesondere eine Katze – nie ein Überraschungsgeschenk sein, auch wenn es noch so gut gemeint ist. Die Freude ist sicherlich im ersten Augenblick groß, doch selten sind sich der Schenkende und der Beschenkte der Konsequenzen bewußt. Die Katze ist kein Gegenstand, von dem man sich nach Belieben wieder trennen kann. Wenn eine Katze auf dem Wunschzettel steht, ist es immer besser, zunächst einen Gutschein zu verschenken, und dann gemeinsam zu überlegen, ob und wann man ihn einlöst.

Außerdem sollte man vorher grundsätzlich durch einen Blick in den Mietvertrag oder ein Gespräch mit dem Vermieter sicherstellen, daß die Katzenhaltung erlaubt ist. Vergewissern Sie sich auch vorher, ob Sie nicht eventuell allergisch auf Katzenhaare reagieren. Streicheln Sie die Katzen Ihrer Nachbarn, Freunde oder Bekannten. Treten keine allergischen Reaktionen auf und sind auch ansonsten alle Voraussetzungen erfüllt, dürfen Sie sich mit gutem Gewissen in den großen Kreis der Katzenfreunde einreihen.

Links: Schon Katzenkinder wissen sehr genau, was sie wollen. Wer sich für eine Katze entscheidet, übernimmt nicht nur die Verantwortung für Ernährung und Pflege, sondern muß auch Rücksicht nehmen auf den individuellen Charakter des sensiblen Tieres.
Unten: Jungen Kätzchen sieht man nicht an, wie sie sich später entwickeln. Selbst Geschwister aus einem Wurf können später ganz unterschiedliche Charaktereigenschaften zeigen – sehr anschmiegsam oder auch kratzbürstig sein.

DIE KATZE – EIN MENSCHENFREUND

Der Katzenmensch

Der Bibelspruch „Drum prüfe, wer sich ewig bindet" gilt nicht nur für Brautpaare, sondern auch für die Partnerschaft von Mensch und Katze. Immerhin können Katzen zwanzig Jahre alt werden. Sie begleiten den Menschen also über einen beträchtlichen Zeitraum hinweg. Und mit dem Menschen wird auch die Katze älter. Grund genug, sich vorher genau zu testen, ob man nur die kleinen Kätzchen liebt oder tatsächlich ein Katzenmensch ist.

Bei aller Freude und Zärtlichkeit, die eine Katze vermittelt, darf man nicht vergessen, daß man auch selbst einiges investieren muß, selbst wenn man das Kätzchen geschenkt bekommt. Mehr noch als das Geld für Ernährung, Pflege und Impfungen zählt die Zeit, die man sich für die

Katze nehmen muß, wenn sie gesund und zufrieden aufwachsen soll – Zeit zum Spiel und für liebevolle Streicheleinheiten auf Gegenseitigkeit.

Eine der Haupttugenden, die einen Katzenmenschen auszeichnet, ist Toleranz. Da sich eine Katze nicht wie ein Hund erziehen und dressieren läßt, wird man ganz sicher etliche Prinzipien über Bord werfen müssen, wenn man sich und der Katze das Leben nicht unnötig schwer machen will. Zu den weitverbreiteten Prinzipien gehört beispielsweise, daß das Schlafzimmer für die Katze tabu ist. Das dürfte die Katze jedoch kaum stören. Sie läßt sich nicht vorschreiben, wo und wann sie schläft und wird sich ihr Plätzchen selbst suchen – vorzugsweise auf dem Kopfkissen, am Fußende des Betts oder im Lieblingssessel des Menschen. Meist erledigt sich dieses Problem von selbst. Sieger bleibt die Katze, weil niemand es fertig bringt, sie zu verscheuchen. Und auch das würde sie

***Oben:** So mancher Stubentiger entpuppt sich als Naschkätzchen, das lieber vom Teller als aus dem Schälchen frißt.*
***Links:** Die Katze sucht sich selbst ihren Lieblingsplatz – mit Vorliebe das Bett ihres Menschen.*

DER KATZENMENSCH

nicht davon abhalten, sich im nächsten Augenblick wieder auf dem selbst gewählten Platz zu kuscheln.

Vorsatz Nummer zwei: Die Katze darf nicht auf den Tisch und frißt nur aus ihrem Schälchen an dem ihm zugewiesenen Platz. Gerade der Tisch aber bietet mit seiner Höhe den besseren Überblick als die Couch. Und wenn die Familie gemütlich am Kaffeetisch beisammensitzt, übersieht der Katzenmensch das Samtpfötchen, das ein bißchen von der leckeren Sahne nascht.

Wo Katzen sind, sind auch Katzenhaare – es sei denn, man entscheidet sich für die in den USA gezüchtete nackte Sphinx. Wer sich nicht zum Sklaven seines Haushalts machen will, muß mit ihnen leben. Das schönste Körbchen mit der weichesten Einlage wird die Katze nämlich nicht davon abhalten, reihum die Plätze auf der Couch auszuprobieren. Und da nutzt es meistens auch nur wenig, wenn man zum Schutz eine Decke unterlegt. Mit ziemlicher Wahrscheinlichkeit wird sich die Katze daneben legen oder einen neuen Platz suchen.

Und Katzen haben Krallen, die sie nicht unbedingt immer am Kratzbaum wetzen. Besonders bei Wohnungskatzen wird es sich nicht vermeiden lassen, daß Couch und Sessel irgendwann Spuren zeigen. Auch an gezogene Fäden an Gardinen und Kleidung wird man sich gewöhnen müssen, wenn die Katze Fliegen jagt, sich wohlig im Schoß seines Menschen kuschelt oder sich reckt und streckt. Und ab und zu kann beim übermütigen Spiel auch die menschliche Haut mal einen Kratzer abbekommen. Hier und da geht dabei schon mal etwas zu Bruch.

Zum Ärgernis kann speziell bei Wohnungskatzen auch das Katzenklo werden. Es riecht zwar nicht, wenn man es sauber hält und immer für frische Streu sorgt. Doch Katzen sind reinliche Tiere, die ihr Geschäft sorgfältig vergraben. Und da rieselt schon das ein oder andere Körnchen durch die Gegend oder bleibt in den Krallen hängen und wird dann durch die ganze Wohnung getragen.

Und auch das sollte man bedenken: Es ist nicht auszuschließen, daß die Katze hin und wieder auf den wertvollen Teppich oder die Couch spuckt, wenn sie zu hastig gefressen hat, Haare herauswürgt und Katzengras erbricht. Wer dann einen Tobsuchtsanfall bekommt, sollte besser auf ein Haustier verzichten. Und auch von der einen oder anderen Zimmerpflanze wird man sich trennen müssen, weil sie die Gesundheit des Tieres gefährdet oder ganz einfach eingeht, weil die Katze Gefallen an ihr gefunden hat.

Oben: Auch Rassekatzen wie diese Russisch Blau haben Krallen: Bei Wohnungskatzen ist der schönste Kratz- und Kletterbaum keine Garantie dafür, daß Couch und Sessel auf Dauer von Kratzspuren verschont bleiben. Katzenmenschen, die ihrem Stubentiger keinen Auslauf bieten können oder wollen, werden sich wohl oder übel damit abfinden müssen.

DIE KATZE – EIN MENSCHENFREUND

Auch wenn Katzen nicht unbedingt immer die Nähe des Menschen brauchen, sollte man sie nicht zuviel allein lassen. Einsamkeit macht auch Katzen krank. Ganz wichtig ist, daß man sich schon vor der Anschaffung einer Katze Gedanken macht, wer bei Kurzreisen, im Urlaub oder im Krankheitsfall für das Tier sorgt – für echte Katzenmenschen eine Selbstverständlichkeit. Und über eines sollte sich jeder im klaren sein, der eine Katze zu sich nimmt: Nicht der Mensch hält sich die Katze, sondern die Katze hält sich den Menschen.

Links: Der Schreibtisch – ein Platz nicht nur zum Arbeiten, sondern auch zum Wohlfühlen.
Unten: Viele Zimmerpflanzen sind für Katzen gefährlich.

Ein oder zwei Katzen?

Vieles spricht dafür, nicht nur ein, sondern gleich zwei Kätzchen zu nehmen. Zu zweit sind sie nach Ansicht von Verhaltensforschern glücklicher. Doppelt ist auch die Freude des Katzenmenschen, wenn er die Kätzchen beim gemeinsamen Spiel und gegenseitigen Putzen beobachtet.

Allerdings kann die zweite Katze die menschliche Zuneigung nicht ersetzen. Der Verhaltensforscher Professor Paul Leyhausen stellte in seinen jahrzehntelangen Katzenstudien fest, daß die Beziehungen zwischen Katze und Mensch viel enger werden, als sie es zwischen zwei Katzen je werden können. Das heißt in der Praxis, daß man seine Streicheleinheiten gleichmäßig auf beide Katzen verteilen muß. Und auch das gemeinsame Spiel macht den Kätzchen doppelt Spaß, wenn der Mensch sich daran beteiligt.

Für zwei Katzen sollte man sich auf jeden Fall entscheiden, wenn bereits vorher abzusehen ist, daß man viel unterwegs ist. Katzen verbringen zwar einen großen Teil des Tages mit schlafen, dösen und putzen. Sind sie jedoch zuviel allein, werden sie mit der Zeit apathisch und oft auch aggressiv. Mit einem vierbeinigen Spielgefährten verkraften sie die Abwesenheit des Menschen besser.

Katzen fühlen sich allein nicht einsam. Hat der Mensch jedoch nicht genug Zeit für sie, freuen sie sich über einen vierbeinigen Spielgefährten.

DIE KATZE – EIN MENSCHENFREUND

Ideal ist es, wenn man gleich zwei Katzen – am besten Katze und Kater – aus einem Wurf zu sich nimmt. Sie sind miteinander vertraut und vom ersten Augenblick an die besten Spielgefährten. Es ist aber auch durchaus möglich, erst später eine zweite Katze ins Haus zu holen. Wenn man einige Grundregeln beachtet, werden auch sie sich schnell aneinander gewöhnen und Freundschaft schließen.

Um Machtkämpfe auszuschließen, sollte die zweite Katze möglichst jünger sein als die erste. Sie wird sich problemloser anpassen und das Vorrecht der älteren Katze akzeptieren. Wenn die ältere Katze eine Kätzin ist, wird sie zwar zunächst auch fauchend und mit gesträubtem Schwanz gegen den Eindringling protestieren, dann allerdings sehr schnell Mutterinstinkte entwickeln und dem Kätzchen das Eingewöhnen erleichtern.

Um von vornherein jeden Konkurrenzstreit zu vermeiden, sollte jede Katze nicht nur ihren eigenen Futter- und Wassernapf haben, sondern auch ein eigenes Katzenklo. Am besten holt man die zweite Katze nicht selbst ins Haus, sondern läßt sie von anderen bringen. Auch wenn es sich um ein niedliches Wollknäuel handelt, läßt man es zunächst links liegen und kümmert sich besonders intensiv um das ältere Tier. So kommt keine Eifersucht auf. Die beiden werden sich schnell arrangieren. Und wenn sie mal streiten und raufen, sollte man sich nicht einmischen. Das ist bei Katzen nicht anders als bei Kindern. Wenig später haben sie sich wieder vertragen und liegen eng zusammengekuschelt beieinander.

Oben: Wenn Kätzchen aus einem Wurf zusammen aufwachsen, werden sie unzertrennliche Freunde. Sie schlafen aneinander gekuschelt und putzen sich gegenseitig.
Rechts: Auch wenn sich die Katzen gut miteinander verstehen, bleibt der Mensch die wichtigste Bezugsperson und muß seine Streicheleinheiten gleichmäßig verteilen.

WIE UND WO MAN SEINE KATZE FINDET

Welche Katze soll es sein?

Wenn man alle Vor- und Nachteile, die mit der Anschaffung einer Katze verbunden sind, sorgfältig abgewogen hat und der Wunsch nach wie vor unumstößlich ist, stellt sich die Frage, was für eine Katze es sein soll. Da geht es keineswegs nur darum, ob man sich für einen ganz normalen Stubentiger entscheidet oder eine Katze mit noblem Stammbaum. In beiden Fällen sollte man von vornherein berücksichtigen, in welcher Umgebung das Kätzchen leben wird, und welche Eigenschaften man von dem zukünftigen Hausgenossen erwartet. Damit erspart man sich und dem Tier spätere Enttäuschungen.

Probleme für beide Seiten sind beispielsweise vorprogrammiert, wenn man sich in die Stadtwohnung mit kleinem Balkon ein Kätzchen holt, das seine frühen Lebenswochen in freier Natur verbracht hat und bereits erste Erfolgserlebnisse als Jägerin verbuchen konnte. In diesem Falle sollte man sich von vornherein für eine Katze entscheiden, die in der Wohnung geboren und aufgewachsen ist.

Beim Thema Auslauf- oder Wohnungskatze prallen die Meinungen aufeinander. Während die einen der Ansicht sind, daß nur Auslaufkatzen glücklich und zufrieden sind, verweisen die Verteidiger der Wohnungskatzen auf die Gefahren, die in freier Natur drohen. Eines steht fest: Wohnungskatzen leben wesentlich länger als Katzen mit Auslauf. Tatsache ist nämlich, daß jährlich rund 300.000 Katzen überfahren und rund 250.000 Katzen abgeschossen werden. Eine Wohnungskatze lebt nicht nur länger, sondern auch durchaus zufrieden, wenn sie es nicht anders gewöhnt ist und der Mensch genug Zeit zum Spielen und Schmusen hat. Wenn zum künftigen Revier der Katze ein Garten gehört, kann es nicht schaden, wenn sie von der Mutter die Jagd auf Mäuse gelernt hat. Doch sollte der Katzenhalter einige Vorsichtsmaßnahmen treffen, um das Tier vor den in der Freiheit drohenden Gefahren wie Autos, Jägern und Gifte zu bewahren.

Eine wichtige Rolle spielt auch das Temperament, das bei Katzen so verschieden ist wie bei Menschen. Hundertprozentig läßt sich das bei jungen Kätzchen zwar ebenso wenig voraussagen wie bei Kindern. Grundsätzlich kann man aber davon ausgehen, daß kurzhaarige Katzen temperamentvoller sind als langhaarige und Tiere mit hellem Fell sensibler reagieren als Katzen mit dunklem Fell. Diese Grundregel gilt für Hauskatzen ebenso wie für Rassekatzen, ist aber keineswegs eine Garantie. Ausnahmen bestätigen die Regel. Wer einen ruhigen Hausgenossen bevorzugt, wird jedoch sicherlich an einer sanftmütigen, zurückhaltenden Perserkatze mehr Freude haben als an einer temperamentvollen und sehr gesprächigen Siamkatze.

Rechts: Wohnungskatzen leben länger. Wenn sie die Freiheit nie kennengelernt haben, sind sie glücklich auf der Fensterbank.

WELCHE KATZE SOLL ES SEIN?

Bei Rassekatzen erlebt man die geringsten Überraschungen, was das Wesen sowie Äußerlichkeiten wie spätere Größe, Farbe und Zeichnung des Fells betrifft. Andererseits kann natürlich gerade dieser Überraschungseffekt besonders reizvoll sein. Die Entscheidung für Haus- oder Rassekatze ist natürlich auch eine Preisfrage. Niedliche kleine Kätzchen ohne Stammbaum bekommt man sehr preiswert und oft sogar geschenkt, während man für Rassekatzen 500 DM bis 2000 DM auf den Tisch blättern muß. Und sie sind in der Regel empfindlicher als eine ganz gewöhnliche Hauskatze.

Ob mit oder ohne Stammbaum – wenn andere Haustiere oder Kinder im Haushalt leben, sucht man am besten ein Kätzchen, daß diese Gesellschaft in seiner bisherigen Umgebung bereits kennengelernt hat. Es wird dann nicht bei jedem lauteren Geräusch vor Schreck zusammenzucken oder bei jedem noch tapsigen Streichelversuch eines Kindes seine Krallen ausfahren. So wird das Einleben und das gegenseitige Verstehen erleichtert.

Oben: Auslaufkatzen genießen das Herumstrolchen in freier Natur. Allerdings drohen in der Freiheit auch viele Gefahren, vor denen der Katzenhalter sie so weit wie möglich bewahren muß.
Rechts: Neugierig beobachten die Kätzchen ihre Umgebung.

WIE UND WO MAN SEINE KATZE FINDET

Kätzin oder Kater?

Katern sagt man nach, daß sie anhänglicher und kontaktfreudiger sind als weibliche Katzen. Aber es kann durchaus auch umgekehrt sein. Wenn man keinen Wert auf Nachwuchs legt, ist es im Prinzip egal, ob man sich für einen Kater oder eine Kätzin entscheidet.

Wer der Katze und sich selbst das Leben nicht zur Hölle machen will, läßt das Tier auf jeden Fall kastrieren, sobald es geschlechtsreif wird. Und das ist bei Kätzinnen dank der Fortschritte in der Tiermedizin heute so problemlos wie bei Katern. Im Gegensatz zur Sterilisation, bei der Samenstrang bzw. Eileiter nur unterbrochen werden, werden bei der Kastration die Geschlechtsdrüsen – Hoden bzw. Eierstöcke – unter Vollnarkose entfernt. Kastrierte Kater sind zutraulicher, ruhiger, streunen nicht mehr so viel herum, und vor allem reduziert sich das unangenehme „Spritzen", mit dem sie ihr Revier markieren. Kastrierte Kätzinnen werden nicht mehr rollig.

KÄTZIN ODER KATER?

Katzen galten nicht umsonst lange Zeit als Fruchtbarkeitssymbol. Schon mit acht bis zehn Monaten werden sie geschlechtsreif, und zwei- bis dreimal im Jahr bringt eine Kätzin fünf bis sechs Junge zur Welt. Der Nachwuchs einer weiblichen Katze kann nach zehn Jahren auf über 80 Millionen Tiere anwachsen! So werden viele junge Kätzchen eingeschläfert oder einfach ausgesetzt, weil sich keine Abnehmer finden.

Hat man die Kätzin lediglich sterilisiert, bekommt sie zwar keinen Nachwuchs, wird aber dennoch mehrmals im Jahr rollig. Sie frißt dann wenig, wälzt sich und gibt teilweise ohrenbetäubende Laute von sich. Diese nervenaufreibende Prozedur kann man sich und der Kätzin durch rechtzeitige Kastration ersparen.

Unumgänglich ist die Kastration von Katern, die in der Wohnung leben, da den Geruch ihrer Duftmarken auf Dauer kein Mensch erträgt. Wer seinen unkastrierten Kater im Freien herumstrolchen läßt, wird nicht nur Ärger mit den Nachbarn bekommen, sondern spielt auch mit dem Leben des Tieres. Wenn ein unkastrierter Kater auf Liebespfaden wandelt, ist er nämlich nicht mehr zu halten und blind für jede Gefahr. Es ist meist nur eine Frage der Zeit, wann er unter die Räder kommt. Kastration ist daher der beste Tierschutz für Kätzin und Kater. Ein Muß ist die Kastration, wenn man sich für ein Pärchen aus einem Wurf entscheidet.

Während man früher dafür plädierte, den Eingriff bei einer Kätzin erst vorzunehmen, wenn sie einmal Junge hatte, wird heute im Interesse des Tieres zur sofortigen Kastration geraten. Überholt ist auch die noch immer weitverbreitete Meinung, daß sich die

Links: Eine Kätzin kann so anhänglich sein wie ein Kater. Im Prinzip ist es also egal, für wen man sich entscheidet. Kastriert werden sollen sie beide, wenn man das Katzenelend nicht noch vergrößern will.
Rechts: Zwei- bis dreimal im Jahr bringt eine Kätzin fünf bis sechs Junge zur Welt.

Tiere durch den Eingriff physisch und psychisch verändern. Körperliche Veränderungen zeigen sich nur bei Katern, die zu früh kastriert werden. Sie werden übergroß, fett und träge. Wenn der Eingriff erst nach Eintritt der Geschlechtsreife erfolgt, ändert sich nichts an ihrer Statur und ihrem Verhalten. Nach wenigen Tagen haben sie den Eingriff vergessen und sind meist noch anhänglicher und verspielter als zuvor.

WIE UND WO MAN SEINE KATZE FINDET

Es muß keine Mai-Katze sein

Das Liebesleben der Katzen spielt sich in unseren Breiten in den Monaten Februar bis Juli ab. Ziemlich genau dreiundsechzig Tage nach der Paarung werden die Kätzchen geboren – die meisten Anfang Mai. Daß diese „Mai-Kätzchen" gesünder und robuster sind als Kätzchen, die im August das Licht der Welt erblicken, trifft allerdings heute nur noch dann zu, wenn die Katzenmutter ihre Jungen fernab jeder menschlichen Obhut aufzieht. Bei Haus- und Rassekatzen besteht kein Grund, sich auf ein „Mai-Kätzchen" zu versteifen.

Wenn man dem Kätzchen keinen Auslauf im Garten bieten kann, ist es sogar ratsam, auf ein August-Kätzchen zu warten. Dann ist die Chance größer, daß es noch nicht allzu viel Erfahrung in der Freiheit gesammelt hat und zur zufriedenen Wohnungskatze wird, die Ausflüge ins Grüne nicht vermißt. Und meist hat man in den Herbstmonaten mehr Zeit für das Kätzchen als im Sommer.

Kätzchen werden blind geboren und öffnen erst nach sieben bis zehn Tagen die Augen. Richtig sehen und hören können sie erst nach etwa vier Wochen. Gut ausgeprägt sind von Anfang an der Geruchs- und Tastsinn, der sie zielstrebig dorthin führt, wo die Muttermilch fließt. Dicht aneinander geschmiegt verbringen die Katzenbabys die ersten drei Wochen mit Saugen und Schlafen.

Die Kätzin ist eine vorbildliche Mutter, die ihre Kinder vom ersten Augenblick an bestens versorgt, pflegt und zur Reinlichkeit erzieht. Nach etwa vier Wochen werden sie allmählich der Mutterbrust entwöhnt, bekommen die erste feste Nahrung und machen zaghafte Ausflüge.

Dann ist auch der Zeitpunkt gekommen, an dem die Kätzchen ihre erste Bekanntschaft mit Mäusen machen, die ihnen die Mutter präsentiert. Und so allmählich werden sie selbst zum Jäger. Dieser Jagdtrieb erlischt auch dann nicht, wenn die Katze in der Wohnung lebt. Das Anschleichen, Anspringen und das Fangen der Beute ist das liebste Spiel aller jungen Kätzchen und bleibt es auch bei ausgewachsenen Katzen.

Damit die Kätzchen gesund bleiben, werden sie in der achten bis neunten Woche erstmals gegen Katzenseuche und auch gegen Katzenschnupfen geimpft. Die Wiederholungsimpfung folgt vier Wochen später. Inzwischen hat die Katzenmutter ihren Jungen alles beigebracht, was für ein Katzenleben von Bedeutung ist. Sie distanziert sich von ihren Kindern, die dann mit zehn bis zwölf Wochen – wenn sie Glück haben – ein neues, liebevolles Zuhause bei einem „Katzenmenschen" finden.

Links: Wenn die Katzenmutter ihre Jungen in der Obhut des Menschen zur Welt bringt, sind im August geborene Kätzchen so gesund und munter wie „Mai-Kätzchen". Von der Mutter lernen sie alles, was eine Katze wissen und können muß.

Der richtige Weg zur Katze

Wer sich einen ganz normalen Stubentiger als Hausgenossen wünscht, hört sich am besten zunächst im Freundes- und Bekanntenkreis um, ob irgendwo Katzennachwuchs zu erwarten ist. Eine gute Anlaufadresse ist auch der Tierarzt. Da er die Katzenmütter kennt und die Jungen impft, kann er ganz sicher Adressen nennen, und oft hängen sie sogar an einem eigens dafür angebrachten schwarzen Brett.

Oder Sie werfen einen Blick in die Tageszeitung. Unter der Rubrik „Tiere" stehen je nach Jahreszeit mehr oder weniger viele Annoncen, die stubenreine Kätzchen anbieten. In vielen Orten gibt es auch Katzenvereine, die dankbar sind, wenn sich Abnehmer für die jungen Kätzchen finden. Wenn die Adresse nicht im Telefon- oder Branchenbuch steht, kann man sich beim Verein Deutscher Katzenfreunde und beim Katzenschutzbund, aber auch beim örtlichen Tierschutzverein und beim Bundesverband Tierschutz erkundigen. Eine andere Möglichkeit ist der Weg ins nächste Tierheim. Da warten jede Menge gesunde, geimpfte und kastrierte Katzen auf einen Menschen, der sie zu sich nimmt.

Wer sich für eine Rassekatze entschieden hat, kauft sie am besten direkt beim Züchter. Aber Vorsicht!

Wie in vielen anderen Bereichen, gibt es auch hier viele schwarze Schafe, denen das Geld wichtiger ist als das Schicksal der Katzen. Adressen von seriösen Züchtern erhält man von Rassekatzenverbänden und -vereinen. Wenn man sich noch nicht auf eine bestimmte Rasse festgelegt hat, lohnt es sich, eine der im Laufe des Jahres in verschiedenen Städten stattfindenden Katzenausstellungen zu besuchen. Da kann man die vielen Lang- und Kurzhaarrassen beobachten, direkte Kontakte mit Züchtern knüpfen und sich vor Ort über die typischen Merkmale und Eigenarten der verschiedenen Rassen informieren.

Seriöse Züchter erkennt man auch daran, daß sie nie blind eine Katze verkaufen, sondern sich zunächst sehr genau über Wünsche, Vorstellungen und auch über die Umgebung informieren, in der das Kätzchen zukünftig leben wird. Das gilt im übrigen nicht nur für Rassekatzen. Auch Tierheime und Inserenten in Zeitungen, denen das zukünftige Schicksal ihrer vierbeinigen Lieblinge nicht gleichgültig ist, nehmen den Katzen-Interessenten zunächst sehr genau unter die Lupe. Um ganz sicher zu gehen, läßt man das Tier nicht abholen, sondern bringt es persönlich ins Haus des neuen Besitzers.

Unter keinen Umständen sollte man eine Haus- oder Rassekatze beim Tierhändler kaufen. Häufig werden diese Tiere in Katzen-Silos aufgezogen und viel zu früh von der Mutter getrennt. Das führt bei der sensiblen Katzenseele fast immer zu psychischen und oft auch physischen Schäden, die erst sichtbar werden, wenn der Kauf längst perfekt ist. Und viele dieser Katzen landen dann letztendlich im Tierheim, weil der neue Besitzer enttäuscht oder überfordert ist.

Oben: Eine Rassekatze wie diese Perser cameo sollte man immer direkt bei einem seriösen Züchter kaufen.
Unten: Bei Katzen, die in Silos aufgezogen werden, zeigen sich später häufig psychische und oft auch physische Schäden.

WIE UND WO MAN SEINE KATZE FINDET

Katzenschutz

Rund 350.000 Katzen werden alljährlich in bundesdeutschen Tierheimen abgegeben, zwei Drittel davon zur Ferienzeit. „Tendenz steigend", stellt der Deutsche Tierschutzbund fest. Und auch der bereits 1972 gegründete Katzenschutzbund kann ein endloses Lied vom Elend jener Katzen singen, die ausgesetzt werden und herrenlos herumstreunen. Die Bemühungen der Mitglieder und ehrenamtlichen Helfer, diese hungrigen Katzen zu füttern sowie einzufangen, um sie kastrieren zulassen, sind ein Tropfen auf den heißen Stein.

In Anbetracht der überfüllten Tierheime hält es der Gründer des Katzenschutzbundes, Rudi Wolff, für unverantwortlich, heute noch Katzen zu

Oben: Die Tierheime sind voll von kleinen und großen Katzen, die auf ein neues Zuhause warten.
Links: Vor allem in der Ferienzeit werden Katzen von gewissenlosen Besitzern einfach ausgesetzt und streunen dann hungrig herum.

züchten. Wie auch der Deutsche Tierschutzbund appelliert er an alle Katzenhalter, die Tiere bei Beginn der Geschlechtsreife kastrieren zu lassen.

Besonders kritisch sehen Katzen- und Tierschutzverbände sowie viele Tierärzte die Züchtung von Katzen, deren Rassemerkmale ihre Ursachen in angeborenen Defekten haben. Dazu gehören die schwanzlosen Manx-Katzen. Mit dem Schwanz fehlt ihnen ein wichtiges Steuerungselement beim Springen und Klettern. Sie haben einen hoppelnden Gang und leiden häufig unter Muskel- und Nervenschäden. Bei den mit nur spärlichem, gekräuseltem Haarkleid ausgestatteten Rex-Katzen ist durch die ebenfalls sehr dünnen und verkürzten Schnurrhaare der Tastsinn wesentlich eingeschränkt, und nur bedingt lebensfähig sind die gänzlich nackten Sphinx-Katzen. Tierschützer sehen darin Qualzüchtungen und fordern ein grundsätzliches Verbot der Züchtung mit Defektgenen sowie die Kontrolle der „Hobbyzucht" durch ein Heimtierzuchtgesetz.

Ins Kreuzfeuer der Kritik gerieten 1994 auch die Züchter weißer Katzen, da bei den Nachkommen dieser Tiere mit Taubheit gerechnet werden muß – speziell bei weißen Katzen mit blauen Augen. Ein Gericht hatte die Züchterin weißer Perserkatzen wegen vorsätzlicher Qualzüchtung zu einer Geldbuße von 500 DM verurteilt und berief sich dabei auf den § 11b des Tierschutzgesetzes, der seit 1986 Qualzüch-

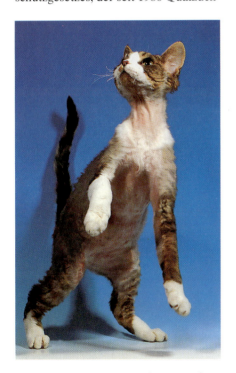

tungen ausdrücklich verbietet. Im Gesetzestext heißt es: „Es ist verboten, Wirbeltiere zu züchten, wenn der Züchter damit rechnen muß, daß bei der Nachzucht auf Grund vererbter Merkmale Körperteile oder Organe für den artgemäßen Gebrauch fehlen oder untauglich oder umgestaltet sind und hierdurch Schmerzen, Leiden oder Schäden auftreten."

Oben: Durch die gekräuselten und sehr dünnen Schnurrhaare ist der Tastsinn der Rex-Katzen eingeschränkt.
Rechts oben: Weiße Katzen mit blauen Augen sind meistens taub.
Rechts unten: Nur bedingt lebensfähig sind die gänzlich nackten Sphinx-Katzen.

WIE UND WO MAN SEINE KATZE FINDET

*Oben: Besonders ältere Menschen genießen die Zuneigung und Liebe eines samtpfötigen Hausgenossen. Da eine Katze bis zu zwanzig Jahre alt werden kann, sollten sie sich jedoch in fortgeschrittenem Alter für eine ältere Katze entscheiden.
Rechts: Eine Schutzgebühr für junge Kätzchen verringert das Risiko, daß sie allzu schnell wieder abgegeben werden, in Versuchslabors oder bei gewissenlosen Händlern landen.*

Ein anderes Problem sind die vielen Katzen mit freiem Auslauf, die von ihrem Spaziergang nicht zurückkehren. Nur zu oft geraten sie in die Hände skrupelloser Tierfänger und landen dann bei Händlern oder in Versuchslabors. Um ihnen das Handwerk zu legen, empfehlen die Tierschutzorganisationen die Tätowierung und Registrierung der Katze.

Die Tätowierung, die jeder Tierarzt durchführt, sollte nicht zu früh erfolgen, da sie sich sonst möglicherweise auswächst. Am besten verbindet man sie mit der Kastration. Die dauerhafte Kennzeichnung wird unter Narkose in das Ohr eingeprägt. Tätowierte Katzen kann man kostenlos in das Zentrale Haustierregister des Deutschen Tierschutzbundes oder in das Tasso-Haustierzentralregister eintragen lassen. So besteht die Chance, ein vermißtes Tier wiederzubekommen. Einen Haustier-Suchdienst bieten auch andere Organisationen wie zum Beispiel der Katzenschutzbund und der Bundesverband Tierschutz an.

Zum Tierschutz gehört auch, daß man als älterer Mensch bei der Anschaffung einer Katze die eigene Lebenserwartung berücksichtigt. Da Katzen bis zu zwanzig Jahre alt werden können, ist es nach Meinung des Katzenschutzbundes für Mensch und Tier besser, wenn man sich als Senior für eine ältere Katze entscheidet. Damit wird der Katze das Los erspart, irgendwann ohne die geliebte Bezugsperson im Tierheim zu verkümmern oder gar eingeschläfert zu werden, weil trotz hochheiliger Versprechen von Verwandten und Freunden niemand bereit ist, sie zu übernehmen.

Ältere Menschen, die ihre geliebte Katze immer gut versorgt wissen wollen, können sich an den „Freundeskreis betagter Tierhalter" wenden, der von der überregional tätigen Arbeitsgemeinschaft Deutscher Tierschutz gegründet wurde. Hinterlegt man zu Lebzeiten einen Fragebogen mit Foto der Katze und allen wichtigen Angaben einschließlich ihrer Eigenschaften und Gewohnheiten, kann man sicher sein, daß sie später in gute Hände kommt.

Im Interesse des Tierschutzes plädiert der Katzenschutzbund dafür, Kätzchen nicht kostenlos abzugeben, sondern grundsätzlich eine Schutzgebühr zu verlangen. So wird die Gefahr reduziert, daß das Tier unter dem Motto „ Was nichts kostet, ist nichts" allzu leichtfertig wieder abgegeben oder ausgesetzt wird, bei Tierhändlern oder in Versuchslabors landet. Wer wirklich an der Katze als Lebewesen interessiert ist, wird die Ausgabe nicht scheuen, mit der zugleich Kosten für Futter, Pflege und Impfung abgegolten werden.

WIE UND WO MAN SEINE KATZE FINDET

Nicht die „Katze im Sack" kaufen

„Vertrauen ist gut, Kontrolle ist besser." Diesen altbewährten Grundsatz sollte man auch bei der Suche nach einem Kätzchen beherzigen. Der Kauf einer Katze ist kein Geschäft, das man zwischen Tür und Angel abschließt. Wer seine Katzen liebt, nichts zu verbergen hat und in dem Wurf der Kätzin nicht nur eine Geldquelle sieht, wird dem Interessenten von selbst vorschlagen, in aller Ruhe das bisherige Quartier zu inspizieren, die Katzenmutter kennenzulernen und die Jungen beim Spiel zu beobachten.

Kehrt machen sollte man sofort, wenn man feststellt, daß die Kätzchen fernab menschlicher Nähe in einem

NICHT DIE „KATZE IM SACK" KAUFEN

Keller oder Zwinger isoliert aufwachsen. Wenn sie hingegen in der Wohnung leben, es nicht penetrant nach Katze riecht und auch Futternäpfe und Katzenklos einen sauberen Eindruck machen, ist die erste Hürde bereits genommen. Beobachten Sie dann in aller Ruhe die herumtollenden Kätzchen. Gesunde Katzenkinder sind munter und neugierig, haben ein glänzendes glattes Fell, klare Augen und ein sauberes Näschen. Sauber und geruchlos müssen auch die Ohren sein. Häufiges Kopfschütteln deutet auf Ohrmilben hin.

Machen Sie insbesondere bei weissen Kätzchen auch eine Hörprobe, indem Sie – möglichst ohne sich zu bewegen – in normaler Lautstärke mit ihm reden. Reagiert es nicht, ist es vermutlich taub, was bei weißen Katzen häufiger vorkommt. Und vorsichtshalber sollten Sie ihm auch ins Maul schauen. Falls es noch nicht alle Milchzähne hat, ist es noch zu jung, um von der Mutter getrennt zu werden.

Wenn alle Kätzchen einen gesunden Eindruck machen, haben Sie die Qual der Wahl. Niedlich sind schließlich alle Katzenkinder. Möglicherweise nimmt Ihnen auch eines der Kätzchen die Entscheidung ab, indem es nicht von Ihrer Seite weicht und schnurrend um Ihre Liebe buhlt. Auf diese Weise kamen wir zu unserem Krümel, der sicherlich nicht der schönste, kräftigste und lebendigste des Wurfes war, aber noch heute als zwölfjähriger schwarzer Panther verspielt und ein ausgesprochener Schmusekater ist.

Für den Katzenhalter spricht es, wenn er Ihnen das Tier Ihrer Wahl nicht direkt in den Arm drückt, sondern darauf besteht, es Ihnen zu bringen. Er wird Ihnen dann den Impfpaß

Links oben: Wer dem Tier und sich selbst spätere Enttäuschungen ersparen will, kauft keine „Katze im Sack".
Links unten: Gesunde Katzenkinder haben ein glänzendes Fell, sind munter und neugierig.
Rechts: Kätzchen dürfen nicht zu früh von der Mutter getrennt werden.

aushändigen, Sie über Fütterungsgewohnheiten informieren und es sich möglicherweise schriftlich geben lassen, daß Sie das Kätzchen gut versorgen.

Beim Kauf einer Rassekatze spielen noch andere Faktoren eine Rolle. Um sicher zu gehen, sollte man nur ein Kätzchen mit anerkannter Ahnentafel kaufen. Erkundigen Sie sich auch, wieviele Nester die Katze innerhalb eines Jahres hatte. Von seriösen Verbänden werden je Zuchtkatze nur zwei Nester im Jahr anerkannt und ins Zuchtbuch eingetragen.

Ganz nach Gefühl und Sympathie können Sie entscheiden, wenn Sie keine Ambitionen haben, mit dem Tier Ausstellungen zu besuchen oder zu züchten. Ansonsten sollten Sie sich vorher genau über das geforderte Idealbild der jeweiligen Rasse informieren. Züchter unterscheiden zwischen Liebhaber-, Ausstellungs- und Zuchttier. Entsprechend gestaffelt sind dann auch die Preise. Ein Zuchttier darf absolut keinen Schönheitsfehler haben und muß in jeder Beziehung dem Standard entsprechen.

KAUFVERTRAG

Herr / Frau / Fräulein _____ wohnhaft _____

Straße _____ Telefon _____

kauft von _____

den Rassekater / die Rassekatze – Name _____

Rasse _____ Farbe _____ geboren am _____

Z-B-Nr. _____ zum Preis von DM _____ in Worten _____

1. Der Verkäufer leistet für die Richtigkeit der in der Ahnentafel bzw. für die in der Meldung zur Eintragung in das Zuchtbuch enthaltenen Angaben Gewähr. Er versichert, daß ihm irgendwelche offensichtlichen oder verborgenen Mängel oder Krankheiten nicht bekannt sind.
2. Der Verkäufer versichert, daß die oben beschriebene Katze die von der D. R. U. zum Zeitpunkt des Verkaufes vorschriebenen Pflichtimpfungen wie folgt erhalten hat:

Impfstoff	Op-Nr.	Datum
	Op-Nr.	Datum
weitere Impfungen gegen	Op-Nr.	Datum
	Op-Nr.	Datum

Der internationale Impfpaß, in dem diese Impfungen bestätigt sind, wurde bei der Übergabe der Katze ausgehändigt.
3. Die Katze ist stubenrein und entwöhnt. Futtergewohnheiten werden mündlich mitgeteilt.
4. Bei Nichteingewöhnung der Katze oder auf Absprache ist Wandlung innerhalb von ____ Wochen möglich. Weitere Ansprüche auf Schadenersatz, Wandlung oder Minderung sind ausgeschlossen, besonders, wenn diese sich auf Wesensentwicklung oder auf später auftretende Krankheiten gründen.
5. Die Gefahr der Verschlechterung oder des Verlustes geht bei Übergabe an den Käufer, oder, bei Versendung, bei Übergabe an die Versandanstalt auf den Käufer über.
6. Weitere Eigenschaften sind nicht zugesichert worden.
7. Dem Verkäufer wird innerhalb von ____ Jahren nach Abschluß dieses Vertrages ein Vorkaufsrecht dahingehend eingeräumt, daß er im Falle eines Weiterverkaufes der Katze an einen Dritten sein Vorkaufsrecht innerhalb von zwei Wochen nach erfolgter Mitteilung durch den Käufer ausüben kann. Für den Eingang der Mitteilung ist der Käufer verantwortlich.
Der Rückgabepreis bedarf der Vereinbarung, darf jedoch den Kaufpreis nicht übersteigen.
Im Falle der unerlaubten Übereignung an einen Dritten vereinbaren die Parteien eine Vertragsstrafe in Höhe des Kaufpreises, die sofort fällig wird.
8. Bei einer Rücksprache durch den Käufer haftet dieser innerhalb von 6 Wochen nach Rückgabe für entdeckte, verborgene Mängel und Krankheiten.
9. Sonstige Absprachen: _____
_____
_____
10. Ergänzungen und Änderungen dieses Vertrages bedürfen der Schriftform. Die Parteien erhalten je eine Ausfertigung dieses Vertrages. Die Unwirksamkeit einzelner Absprachen läßt den Vertrag ansonsten unberührt.
Die Ahnentafel wurde ausgehändigt / wird nachgereicht.
11. Der Kaufpreis in Höhe von DM _____

wurde in bar / per Scheck bezahlt am _____

Anzahlung in Höhe von DM _____ in bar / per Scheck erfolgte am _____

Restzahlung in Höhe von DM _____ erfolgt am _____

Datum _____

Züchter _____ Käufer _____

QUITTUNG

Kaufpreis / Anzahlung in Höhe von DM _____

für die Katze _____

erhalten zu haben bescheinigt _____ , den _____

NICHT DIE „KATZE IM SACK" KAUFEN

Diese Kriterien sollten dann auch unbedingt in dem detaillierten Kaufvertrag festgehalten sein, der in beiderseitigem Interesse abgeschlossen wird und eine wichtige Grundlage für etwaige spätere Auseinandersetzungen ist. Viele Verträge enthalten zum Schutz des Tieres die Klausel, daß die Katze nicht ohne Einwilligung des Züchters an Dritte weitergegeben oder verkauft werden darf. Sie behalten sich für diesen Fall ein ausdrückliches Rückkaufsrecht vor, um dem Tier einen möglicherweise problematischen Besitzerwechsel zu ersparen.

Der Kaufvertrag muß alle relevanten Daten über das Tier enthalten. Im Kaufpreis inbegriffen ist neben dem Stammbaum auch der Impfpaß mit dem Nachweis über die erfolgte Impfung gegen Katzenschnupfen und Katzenseuche. Viele Züchter lassen die Katze vor dem Verkauf auch bereits gegen Leukose impfen oder zumindest einen Leukosetest machen.

Links: Rassekatzen haben ihren Preis. Ein schriftlicher Vertrag schützt Käufer, Verkäufer und das Tier.
Oben: Junge Kätzchen sind keine Ware, die man blind verkauft und kauft. Seriöse Katzenhalter vergewissern sich, daß die Katzenkinder zu Tierfreunden kommen, bei denen sie ein schönes Zuhause finden und ihre Streicheleinheiten bekommen.

PORTRÄT DER RASSEKATZEN

Zucht, Standard und Ausstellung

Ob mit oder ohne Stammbaum – Katze bleibt Katze. An dieser Tatsache ändern auch die ausgefallensten, züchterischen Ambitionen nichts. Rasse hat auch die ganz gewöhnliche Hauskatze. Was ihre Schönheit betrifft, kann sie sich durchaus mit der Edelkatze messen. Sie haben den gleichen graziösen Gang, die gleichen charakterlichen Grundeigenschaften, die gleichen Verhaltensweisen und Bedürfnisse. Was sie unterscheidet, sind im Prinzip nur Farbe, Länge und Zeichnung des Fells. Die Zahl der Liebhaber von Rassekatzen nimmt zwar zu, doch sind 94 Prozent aller Stubentiger noch immer ganz gewöhnliche Hauskatzen.

Die Wiege der Katzenzucht stand in England. 1871 fand im Londoner Crystal Palace die erste organisierte Katzenausstellung statt. Heute gibt es rund fünfzig anerkannte Katzenrassen. Ihre rassetypischen Merkmale werden bis ins Detail in den sogenannten Standards beschrieben. Aufgestellt werden die Standards von den europäischen Dachorganisationen Fédération Internationale Féline (F.I.Fe) und Governing Council of the Cat Fancy (GCCF).

Diese internationalen Richtlinien sind maßgebend für die beiden größten deutschen Rassekatzen-Verbände. Der 1. Deutsche Edelkatzenzüchter-Verband e.V.(1. DEKZV e.V.) ist einziges deutsches Mitglied der F.I.Fe, während sich die Deutsche Rassekatzen-Union e.V. D.R.U. an die vom britischen GCCF aufgestellten Regeln hält. Hinzu kommen allein in Deutschland mehr als fünfzig unabhängige Katzenvereine, die sich zum großen Teil ebenfalls weitgehend an diesen Standards orientieren. Bei den Ausstellungen, die von den Verbänden und Vereinen in wechselnden Städten veranstaltet werden, müssen sich die Katzen von den Juroren an den Standards messen lassen. Mit Plazierungen und Auszeichnungen können nur Katzen rechnen, die alle Kriterien erfüllen und dem Idealbild entsprechen.

Besucher einer Katzenausstellung sehen daher die schönsten Vertreter

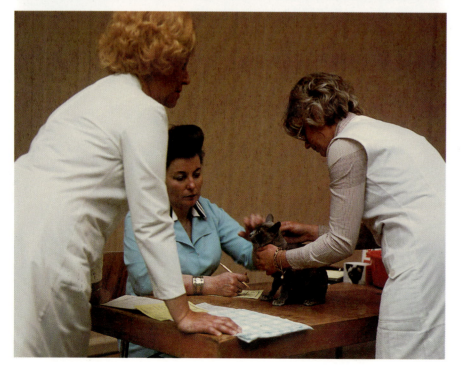

Oben: Katzenausstellungen sind eine gute Gelegenheit, sich über die verschiedenen Rassen zu informieren und Kontakte mit Züchtern zu knüpfen.
Unten: Nach einem ausgeklügelten Punktesystem werden die einzelnen Rassen von erfahrenen Juroren begutachtet und bewertet.

ZUCHT, STANDARD UND AUSSTELLUNG

der jeweiligen Rassen. Voraussetzung für Aussteller ist häufig die Mitgliedschaft in dem veranstaltenden Verband bzw. Verein, jedoch nicht unbedingt eine Katze mit noblem Stammbaum. Auch Hauskatzen können an der Schönheitskonkurrenz teilnehmen. Sie werden in einer besonderen Klasse bewertet. Und dabei stehen Schönheit und Beschaffenheit des Fells ganz obenan.

Bevor sich die Ausstellungskatzen häuslich und sehr geduldig in ihren oft liebevoll eingerichteten Käfigen niederlassen, werden sie bereits am Eingang von einem Tierarzt auf Herz und Nieren geprüft. Fast immer ohne fauchen und murren lassen sie sich später von geschulten Stewards zum Richter bringen, der nicht weiß, woher sie stammen und wem sie gehören. Jede Katze trägt die Nummer ihres Käfigs. Die Anonymität wird bis zum Ende der Ausstellung gewahrt.

Wer als ganz normaler Katzenfreund erstmals eine Katzenausstellung besucht, wird zunächst verwirrt sein, weil er die unter Züchtern geläufigen Fachausdrücke (siehe Glossar) nicht kennt, das Bewertungssystem nicht durchschaut und die Titel nicht einordnen kann. Vor dem gleichen Problem stehen am Anfang auch jene, die eine Rassekatze besitzen und sie ausstellen möchten.

Je nach Rasse, Farbe, Geschlecht und bisherigen Erfolgen bei Ausstellungen werden die Katzen in Klassen eingeteilt und von den Juroren entsprechend den für die jeweiligen Rassen geltenden Standards nach einem ausgeklügelten Punktesystem bewertet. Von der Gesamtzahl der Punkte hängt es ab, ob die Katze das Prädikat „Gut", „Sehr gut" oder „Vorzüglich" erhält. „Vorzügliche" Katzen sind ohne Einschränkung zur Zucht geeignet und dürfen sich um den Titel CAC (Certificat d'Aptitude au Championat), die Anwartschaft auf den Titel Champion, bewerben. Er wird ihnen verliehen, wenn sie bei drei Ausstellungen den CAC erhalten haben.

Um vom Champion zum internationalen Champion aufzusteigen, muß die Katze anschließend bei drei weiteren Ausstellungen den Titel CACIB (Certificat d'Aptitude au Championat International de Beauté) erringen. Voraussetzung ist die Bewertung durch internationale Richter. Meist wird die Teilnahme an Ausstellungen im Ausland gefordert. Auch als internationaler Champion mit dem dreimaligen Titel CAGCIB bzw. CAGCI (Certificat d'Aptitude au Grand Championat International de Beauté) hat die Katze die höchsten Stufen auf dem Siegertreppchen noch nicht erklommen. Die nächste Hürde des internationalen

Rechts: Diese Somali fawn-silver hat es geschafft. Sie entspricht dem Schönheitsideal ihrer Rasse. Um die höchsten Stufen des Siegertreppchens zu erklimmen, muß sich eine Katze den kritischen Augen vieler Juroren stellen und sich ihre makellose Schönheit immer wieder von neuem bestätigen lassen.

PORTRAIT DER RASSEKATZEN

Grand-Champion ist die Anwartschaft auf den Titel CACE (Certificat d'Aptitude au Championat d'Europe). Die allerhöchste Auszeichnung, die eine Katze erringen kann, ist der Titel CAGCE (Certificat d'Aptitude au Grand Championat d'Europe), der sie zum großen Champion Europas erklärt. Er wird jedoch nur von der Deutschen Rassekatzen Union vergeben.

Separate Bewertungen nach ähnlichem Muster gibt es für Kastraten, die jedoch nicht zum „Champion" aufsteigen, sondern zum „Premior". Und schließlich werden in den verschiedenen Kategorien noch Auszeichnungen vergeben wie Rassesieger, schönste Ausstellungskatze und Schönste der Schönsten. Im Prinzip verlaufen Ausstellungen international nach dem gleichen Schema. Hier und da gibt es geringfügige Unterschiede bei den Bewertungskriterien und der Titelvergabe.

Katzenausstellungen seriöser Veranstalter sind keine Verkaufsausstellungen. Und das hat gute Gründe. Durch die Vielzahl der ausgestellten Katzen ist trotz tierärztlicher Voruntersuchung und optimaler Hygiene nie ganz auszuschließen, daß sich ein Tier infiziert. Jeder seriöse Züchter wird daher seine Katze zunächst mit nach Hause nehmen, genauestens beobachten und erst nach einer gewissen Schonzeit zu dem Interessenten bringen. Außerdem werden damit Spontankäufe vermieden, unter denen das Tier nur zu oft später zu leiden hat. Wenn ein Züchter seine Tiere direkt von der Ausstellung weg zum Verkauf anbietet, ist Skepsis angebracht. Andererseits sind Ausstellungen eine ideale Kontaktbörse für Züchter untereinander, Katzeninteressenten und alle Katzenliebhaber. Nirgendwo sonst gibt es eine bessere Möglichkeit zum direkten Erfahrungsaustausch.

Links: Würdevoll stellt sich die Havana dem Urteil der Richter.
Rechts: Eine Abessinier-Katze mit ihren Jungen. Darunter ein Beispiel für eine anerkannte Ahnentafel, die beweist, daß die Katze wirklich Rasse hat.

KATZENZUCHT IST KEIN GESCHÄFT

Katzenzucht ist kein Geschäft

Reichtümer sind mit der Zucht von Katzen nicht zu erwerben. Wer sie seriös betreibt, wird durch den Kaufpreis nur das bekommen, was er bisher an Geld und Zeit investiert hat für Ernährung, Pflege, Tierarzt, Stammbaum, Teilnahme an Ausstellungen und Reisekosten. Der Preis richtet sich nach Angebot und Nachfrage und ist entsprechenden Schwankungen unterworfen. Zu berücksichtigen ist auch, daß je nach Rasse die Zahl der Jungen unterschiedlich groß ist und kein Wurf nur aus makellosen Kätzchen besteht, die später auf Austellungen glänzen.

Die von den Juroren entsprechend den Standards angelegten Maßstäbe sind von Rasse zu Rasse sehr verschieden. Doch gibt es eine ganze Reihe

PORTRAIT DER RASSEKATZEN

von Schönheitsfehlern, die bei allen Rassen als Handikap gelten und das Aus auf jeder Ausstellung bedeuten. Dabei handelt es sich teilweise um Mängel, die der Schönheit der Katze in den Augen eines normalen Katzenfreundes keinen Abbruch tun. Wer eine Katze nur zum Liebhaben sucht, kann mit diesen kleinen Schönheitsfehlern leben. Bei Ausstellungen jedoch haben Liebhabertiere keine Chancen.

Zu den Mängeln, die sich weder gesundheitlich negativ auf die Katze auswirken noch die Liebe des Menschen zu dem Tier beeinträchtigen, gehören das Schielen und ein Knick im Schwanz. Und auch eine Einbuchtung im Stirnknochenbereich sowie ein etwas schiefer Kiefer oder leichte Gebißfehler müssen nicht unbedingt gesundheitliche Folgen haben.
Bei sehr stark ausgeprägtem Unter- oder Oberbiß und sehr engem oder verkrümmtem Unterkiefer kann es jedoch irgendwann Probleme geben.

Gravierender sind eine zu kleine Nasenöffnung oder eine zu starke Senkung des Nasenrückens. Dadurch kann es zu Atembeschwerden kommen und bei zu kurzer Nase auch zu verstopften Tränenkanälen. Verformungen des Skeletts führen zur Disqualifizierung. Betrachtet man eine Katze von der Seite, sollte die Brust symmetrisch

KATZENZUCHT IST KEIN GESCHÄFT

Links: Wer eine Rassekatze, wie zum Beispiel die Russisch Blau, nur zum Liebhaben sucht, kann getrost über kleine Schönheitsfehler hinwegsehen. Oben: Auch die Türkische Van-Katze muß nicht hundertprozentig den Anforderungen des Standards entsprechen, wenn man weder züchten noch an Ausstellungen teilnehmen will.

vom Rückrat bis zum Brustbein abgerundet und oval sein.

Ein ernst zu nehmender Mangel ist eine Kniescheibenverrenkung. In diesem Fall kann die Kniescheibe von der Vorderseite des Gelenks seitwärts wegrutschen. Und auch Katzen mit zu vielen oder zu wenigen Krallen finden keine Gnade vor den Juroren. Eine Ausstellungskatze hat vier Zehen an jeder Pfote und eine Afterklaue an jedem Vorderbein.

Eine wichtige Rolle bei der Bewertung spielt auch die Kondition. Darunter versteht man den Gesamteindruck, den die Katze hinterläßt. Sie muß in bester Verfassung, sauber, gekämmt und gebürstet sein, vor Gesundheit und Vitalität nur so strotzen, andererseits aber ein ausgeglichenes, ruhiges Wesen haben und sich widerstandslos von den Juroren begutachten lassen – kurzum, ein Prachtexemplar ihrer Rasse.

PORTRAIT DER RASSEKATZEN

Langhaarkatzen

PERSER

Perserkatzen wurden in Vorderasien schon vor Jahrhunderten gezüchtet, sorgten Ende des vergangenen Jahrhunderts bei einer Katzenausstellung in London für Aufsehen und gelten noch heute für viele Menschen als Inbegriff der Katzenschönheit und Synonym für Langhaarkatzen allgemein. Sie gehören nach wie vor zu den bekanntesten und beliebtesten Rassekatzen und haben von allen die meisten Farbvariationen zu bieten. Die Farbvielfalt reicht von Schneeweiß über bunt gescheckt bis zu tiefem Schwarz.

Die ersten Perser waren blau, weiß und schwarz. Tiefschwarz ist das Fell erst bei ausgewachsenen Persern.

Früher bezeichnete man die Perserkatzen wegen ihrer Langhaarigkeit als Angorakatze, benannt nach der türkischen Provinz Angora (heute Ankara). Erst vor einigen Jahrzehnten setzte sich die Theorie durch, daß die Perserkatze nicht aus der Türkei stammt, sondern aus Persien. Bereits 1521 soll sie der italienische Forschungsreisende Pietro della Valle aus einer nordiranischen Provinz nach Italien gebracht haben.

Nachdem die Perserkatzen im Londoner Crystal Palace für Furore sorgten und Queen Victoria eine blaue Perser erwarb, traten sie von England aus ihren Siegeszug um die ganze Welt an. Während die ersten Perser nur schwarz, weiß und blau waren, verzeichnet der Standard heute 85 Farbvariationen.

PORTRAIT DER RASSEKATZEN

Eine Besonderheit weisen die weißen Perser auf. Ihre Augen sind blau, orange oder zweifarbig – ein Auge blau, das andere kupferfarben oder orange. Das Problem ist, daß blauäugige weiße Perser fast immer taub sind. Neben den einfarbigen Perserkatzen ohne Zeichnung in Weiß, Schwarz, Blau, Rot, Creme, Chocolate und Lilac, gibt es die Smokeperser, bei denen das weiße bzw. silberweiße Haarkleid an den Haarspitzen langsam in Schwarz, Blau, Chocolate, Lilac oder Rot übergeht. Diese Spitzenfärbung, „Tipping" genannt, zeigt sich an Rücken, Kopf und Pfoten, während Halskrause, Flanken und die Ohrbüschel weiß sind.

Zu den „getippten" Persern gehört auch die Chinchilla. Ihr Unterfell ist weiß und das Fell auf Rücken, Flanken, Kopf, Ohren und Schwanz mit Schwarz getippt. Ein gleichmäßig verteiltes Tipping verleiht der Chinchilla-Perser das charakteristische silbern-

Links oben: Chinchilla-Perser haben silbrig glänzendes Fell und grüne, dunkel umrandete Augen.
Links unten: Die Perser black-smoke ist eine Katze der Kontraste.
Links: Eine Creme-Perser mit schönem, pastelfarbigem Fell.
Oben: Rote Perser mit ausgeprägtem "Stop" zwischen Stirn und Nase.

PERSER

glänzende Aussehen. Sehr ausdrucksvoll sind auch ihre smaragdfarbenen oder blaugrünen Augen.

Bei zweifarbigen (bicolour) Persern dürfen maximal zwei Drittel des Fells farbig und maximal die Hälfte weiß sein. Die Flecken müssen auch im Gesicht gleichmäßig verteilt und die Augen orange oder kupferfarben sein. Eine besonders schöne Variante sind auch die Schildpatt-Perser. Ihr Fell besteht aus größeren, deutlich voneinander abgegrenzten Flecken in Schwarz- und Rottönen bzw. in Blau und Creme kombiniert mit Weiß.

Schließlich gibt es bei den Persern auch „Tabbys". Die Fellzeichnungen aller gestromten Perser müssen klar gegeneinander abgesetzt sein, und auf der Stirn sollte ein „M" prangen. Um Hals und Brust trägt die gestromte Perser möglichst mehrere geschlossene „Halsketten" und an den Beinen „Armbänder".

Rechts oben: Bei Tabby-Persern müssen die Fellzeichnungen klar voneinander abgegrenzt sein.
Mitte und links: Zweifarbige (bicolour) Perser gibt es in verschiedenen Varianten. Grundsätzlich dürfen maximal zwei Drittel des Fells farbig und höchstens die Hälfte weiß sein.

PERSER

Links und oben: Exotic Shorthairkatzen gleichen in Gesichtsausdruck und Körperbau den Persern, haben jedoch ein kürzeres und damit pflegeleichteres Fell.

Eines haben alle Perser gemeinsam: Ihr schönes, dichtes, langes, seidenweiches Fell mit dekorativer Halskrause, die die Schultern bedeckt und zu den Vorderbeinen hin verläuft. Damit es so schön bleibt und nicht verfilzt, muß es jeden Tag sorgfältig gekämmt und gebürstet werden. Es soll leicht vom Körper abstehen und immer in Bewegung sein.

Mit ihrem runden und massiven Kopf, den runden Augen, den kleinen, abgerundeten Ohren, der kurzen, breiten Nase, dem großen bis mittelgroßen, muskulösen Körperbau, den nicht sehr langen, dicken Beinen, den großen, runden Pfoten und ihrem kurzen, buschigen Schwanz machen alle Perser einen majestätischen Eindruck. Majestätisch ist auch ihr Wesen: selbstbewußt, ruhig, bedächtig und in keiner Weise aufdringlich. Die Perser ist die ideale Wohnungskatze, aber keine ausgesprochene Schmusekatze.

Eines sollte man von vornherein berücksichtigen: Perser sind keine pflegeleichten Tiere. Bei der Pflege ihres langen, dichten Fells sind sie auf den Menschen angewiesen. Eine Alternative sind kurzhaarige Perser, Exotic Shorthair genannt, die sich nur durch das kurze Fell von ihren langhaarigen Verwandten unterscheiden.

Problematisch ist eine allzu kleine Nase mit starkem Knick, die zwar drollig aussieht, aber zu gesundheitlichen Schäden führen kann. Durch die Verengung des Tränen-Nasen-Kanals kommt es leicht zu chronischen Atembeschwerden. Und auch die großen, runden Augen sind zwar schön, aber sehr empfindlich.

PORTRAIT DER RASSEKATZEN

COLOURPOINT

Die Colourpoint, früher auch Khmerkatze und in den USA Himalayan genannt, entstand aus einer Züchtung zwischen Siam und Perserkatzen. Ihre Herkunft hat weder mit dem kambodschanischen Volk noch mit dem Himalaja etwas zu tun. Die ersten Colourpoints (Farbpunkte) wurden Anfang der 30er Jahre in den USA gezüchtet. Mitte der 50er Jahre wurden sie auch in Europa anerkannt. Jedoch werden noch heute die meisten Colourpoints auf dem amerikanischen Kontinent gezüchtet.

Colourpoints haben das gleiche langhaarige Fell und denselben großen bis mittelgroßen, gedrungenen Körperbau wie die Perserkatze. Auch Kopfform, Beine, Pfoten und Schwanz sind eindeutige Beweise für die Verwandtschaft mit den Persern. Von den Siamkatzen haben sie die Farbschattierungen und Zeichnungen des Fells geerbt.

Wie die Siamkatzen werden die Colourpoints fast weiß geboren. Erst später zeigen sich die typischen Abzeichen im Gesicht, an Beinen, Pfoten und Schwanz. Sie sollen so gleichmäßig wie möglich gefärbt sein. Wichtig ist auch ein guter Kontrast zwischen Abzeichen und Körperfarbe.

Colourpoints gibt es in verschiedenen Farbvariationen – mit sealfarbenen Abzeichen auf cremefarbenem Körper, blauen Abzeichen auf gletscherfarbenem Körper, schokoladenfarbigen Abzeichen auf elfenbeinfarbenem Körper, roten Abzeichen auf apricotfarbenem Körper und cremefarbenen Abzeichen auf cremigweißem Körper. Hinzu kommen eine ganze Reihe von Tortie- und Tabby-Variationen. Insgesamt verzeichnet der Standard zwanzig Farbvarianten.

Ein Erbfaktor der Siamkatzen sind auch die leuchtenden, tiefblauen

Die Verwandtschaft der Colourpoints mit den Persern ist unverkennbar. Von den Siamkatzen haben sie die Farbschattierungen und Zeichnungen des Fells geerbt.

Augen der Colourpoints. In ihrem Wesen vereinen sie die guten Eigenschaften beider Rassen: Sie sind lebhafter und verspielter als die Perser und zärtlich, aber nicht so ungestüm und laut wie die Siam. Eine Colourpoint ist die ideale Familienkatze, die Kinder und meist auch andere Haustiere akzeptiert.

Halblanghaarkatzen

HEILIGE BIRMA

Um Herkunft und Vergangenheit der Heiligen Birma-Katze ranken sich viele Legenden. So wird sie auch heilige Katze von Burma genannt, da buddhistische Priester sie angeblich in ihren Tempeln als heilige Tiere halten. Unbestritten ist heute, daß die Birma-Katze Anfang der 20er Jahre erstmals in Frankreich gezüchtet wurde und ihr die Franzosen den exotisch klingenden Namen Birmanie verliehen.

Nicht belegt ist die Geschichte, daß Major Gordon Russell 1916 tibetanischen Priestern half und sie ihm drei Jahre später als Dank vor seiner Übersiedelung nach Frankreich zwei ihrer Tempelkatzen überreichten. Eindeutig in den Bereich der Legenden gehört die Sage von dem Priester, der bei seiner Andacht vor der goldenen Göttin Tsun-Kyan-Kse von Räubern überfallen und getötet wurde. Als seine weiße Katze Sinah sich auf den Toten stellte und der Göttin in die aus leuchtenden Saphiren bestehenden Augen gesehen hat, überstrahlte sie der Glanz und verlieh ihr das goldbraune Fell. Weiß blieben nur die Pfoten, die sie in den Körper des Toten gedrückt hatte. Andere Deutungen sehen in den weißen Pfoten ein Symbol der Reinheit.

Die weißen Pfoten sind das auffälligste Merkmal der Heiligen Birma. An den Vorderpfoten enden die weißen „Handschuhe" in einer gleichmäßigen Linie quer über den Pfoten, an den Hinterpfoten bedecken sie als „Stulpenhandschuhe" die ganze Pfote und enden an der Rückseite des Beins genau unterhalb des Sprunggelenks. Von diesen weißen Pfötchen und ihrem etwas kürzeren Fell abgesehen, hat die Heilige Birma viel Ähnlichkeit mit der Colourpoint.

Der Körper der Birma-Katze ist langgestreckt und stämmig, der Kopf breit und rund mit vollen Wangen, mittellanger Nase ohne Stop, gut entwickeltem Kinn und runden, tiefblauen Augen. Der buschige Schwanz hat die richtige Proportion zum Körper. Kurz und kräftig sind Beine und Pfoten. Das Fell der Birma-Katze ist mittellang, seidig und am Bauch leicht gekräuselt.

Der Körper hat einen goldschimmernden Ton, und die Abzeichen an Kopf, Schwanz und Beinen sind wie bei Siamesen und Colourpoints schwarzbraun (seal), blau-grau, schokoladenfarbig oder blau. Die Kätzchen werden fast weiß geboren, und erst mit der Zeit kommen die Abzeichen zum Vorschein. Wenn die Birma-Katze ausgewachsen ist, bedeckt die Maske das ganze Gesicht einschließlich der Schnurrhaarkissen und ist durch Linien mit den Ohren verbunden.

Da das Fell der Birma-Katze nicht so lang und dicht ist wie bei Langhaarkatzen, verfilzt es nicht so leicht und läßt sich leichter pflegen. Auch ein Ausflug ins Freie kann dem Fell nichts anhaben. Da sie sehr kälteempfindlich sind, sollte man sie jedoch nur aus dem Haus lassen, wenn es warm ist. Was das Wesen der Heiligen Birma betrifft, macht sie ihrem Namen alle Ehre. Sie ist ein intelligenter und ausgesprochen ruhiger Hausgenosse mit sanfter Stimme, freundlich, anhänglich, liebebedürftig und spielfreudig. Sie genießt den engen Kontakt mit Menschen und anderen Katzen. Sie ist aber nicht unbedingt eine Katze für Familien mit kleineren Kindern, da sie mit ihren Reaktionen meist schlecht umgehen kann und es sehr leicht zu Mißverständnissen kommt.

Die Heilige Birma trägt als besonderes Merkmal kurze weiße Handschuhe an den Vorderpfoten und längere an den Hinterpfoten. Ihr Fell ähnelt dem der Colourpoint.

PORTRAIT DER RASSEKATZEN

TÜRKISCHE VAN-KATZE

Türkische Katzen sind keine künstlich geschaffenen Geschöpfe, sondern veredelte Nachfahren der am Van-See im Südosten der Türkei lebenden Hauskatzen. Sie werden daher auch einfach nur Van-Katzen genannt. Auffallend ist ihre besondere Vorliebe für Wasser. Sie schwimmen gerne, und manchmal soll es ihnen sogar gelingen, schwimmend Fische zu fangen.

Anfang der 50er machte eine britische Touristin während ihres Urlaubs in der Türkei die Bekanntschaft mit den Van-Katzen. Sie nahm ein Pärchen auch in den USA und in Australien ihre Liebhaber.

Das Fell der Van-Katze ist lang und bis zu den Haarwurzeln seidigweich. Wegen der fehlenden Unterwolle liegt es dicht am Körper an. Bei der idealen Van-Katze ist es kalkweiß ohne jede Spur von Gelb. Ihr Gesicht ist oberhalb der Augen rostrot, unterbrochen durch eine vertikal verlaufende weiße Blesse. Die großen behaarten, gerade aufgerichteten und ziemlich zusammenstehenden Ohren sind außen weiß wie die verhältnismäßig lange Nase, innen jedoch so zartrosa wie der Nasenspiegel und die Pfotenballen.

Die Türkische Van-Katze ist kräftig und liebt Wasser. Die farbigen Zeichnungen im Gesicht zwischen Augen und Ohren werden durch eine weiße Blesse geteilt.

mit nach England und holte später noch drei weitere Tiere. Fast zwei Jahrzehnte dauerte es, bis die Türkische Katze von den Dachorganisationen der Edelkatzenzuchtverbände als Rasse anerkannt wurde. Inzwischen hat sie nicht nur in Europa, sondern

Rostrot wie die Zeichnung im Gesicht ist der lange, volle und buschige Schwanz. Bei manchen Van-Katzen sind kleine rostrote Flecken wie „Daumenabdrücke" unregelmäßig auch auf dem Fell verteilt. Das entspricht zwar nicht dem Schönheitsideal, führt aber bei Ausstellungen nicht unbedingt zur Disqualifizierung. Noch relativ neu ist die Züchtung von Van-Katzen, die statt der kastanienbraunen eine cremefarbene Zeichnung haben.

Vom Körperbau her ist die Van-Katze mittelgroß, lang und muskulös. Ihre Beine sind mittellang und ihre mit Haarbüscheln geschmückten Pfötchen ausgesprochen zierlich. Sehr ausdrucksvoll sind ihre großen, ovalen, hell bernsteinfarbenen Augen mit rosa Rändern. Hin und wieder sieht man auch Van-Katzen mit blauen oder verschiedenfarbigen Augen. Jedoch besteht bei ihnen wie bei den weißen Perserkatzen die Gefahr, daß sie taub sind. Van-Katzen sind intelligent, lebhaft, neugierig und machen schon einmal gern einen kleinen Ausflug in den Garten. Da sie alles andere als wasserscheu sind, lassen sie sich anschließend ein wohltemperiertes Bad gefallen, müssen dann aber gründlich abgetrocknet werden. Im übrigen sind sie verspielt und sehr anhänglich.

BALINESEN

Die Balinesen stammen nicht etwa von der Insel Bali, wie der Name vermuten läßt. Bei dieser noch sehr jungen Rasse handelt es sich vielmehr um langhaarige Siamkatzen. Und so wurden sie ursprünglich auch genannt. Ihren jetzigen Namen verdanken sie ihren anmutigen Bewegungen, die an die Grazie einer balinesischen Tänzerin erinnern.

Die Entstehung dieser Rasse ist einer Laune der Natur zu verdanken. Langhaarige Mutanten waren schon früher bei der Zucht von Siamkatzen aufgetreten, doch wurden sie ausgemerzt, da sie nicht dem Schönheitsideal entsprachen. Erst amerikanische Züchter kamen Ende der 50er Jahre auf die Idee, den vermeintlichen Fehler zu nutzen und die entgegen aller Regeln langhaarig geborenen Siamkatzen weiter zu züchten. In den USA sind die Langhaar-Siamesen bzw. Balinesen bereits seit 1970 als Rasse anerkannt, in Europa erst seit Mitte der 80er Jahre.

Balinesen haben den gleichen langen, schlanken Körperbau wie die Siamesen. Auch der keilförmige Kopf und die mandelförmigen, strahlendblauen Augen sind eindeutige Beweise für die Abstammung von siamesischen Eltern. Was sie unterscheidet, ist das mittellange, feine, seidige Fell. Da sie im Gegensatz zu Langhaarkatzen keine Unterwolle haben, liegt das Fell flach am Körper an.

Die Farbvarianten sind identisch mit denen der Siamkatzen. Die Abzeichen im Gesicht, an den Ohren, Beinen, Pfoten und am Schwanz sollen farblich deutlich abgegrenzt sein und einen klaren Kontrast zur Körperfarbe ergeben.

Balinesen haben lange, schlanke Beine, die hinten etwas höher sind als vorne, zierliche, ovale Pfötchen, einen langen, spitz zulaufenden, häufig federbuschartigen Schwanz ohne Knick und einen ausgesprochen graziösen Gang. Die ziemlich großen und zugespitzten Ohren stehen aufrecht weit auseinander, die Nase ist gerade und lang. Balinesen machen einen intelligenten, aufgeweckten Eindruck, spielen gern und sind nicht so laut und temperamentvoll wie Siamkatzen.

Die sehr graziösen Balinesen können ihre Abstammung von den Siam-Katzen nicht leugnen. Sie haben den gleichen, schlanken Körperbau und mandelförmige, blaue Augen. Ihr in Farben und Abzeichen ebenfalls identisches Fell ist jedoch länger als das der Siamesen. Wegen der fehlenden Unterwolle liegt es flach am Körper an und ist leichter zu pflegen als bei anderen Halblanghaarkatzen.

PORTRAIT DER RASSEKATZEN

TÜRKISCH ANGORA

Die Türkisch Angora ist eine Katze mit langer Vergangenheit. Im 17. Jahrhundert kam sie als Geschenk türkischer Sultane nach Frankreich und England, wurde Ende des 19. Jahrhunderts von den Perserkatzen verdrängt und war dann jahrzehntelang vom Aussterben bedroht. Der Zoo ihrer Heimat Ankara (früher Angora) sorgte dafür, daß diese türkische Katzenschönheit erhalten blieb.

Anfang der 60er Jahre kam ein Angora-Pärchen aus dem Zoo von Ankara in die USA und wird seither von immer mehr Katzenliebhabern geschätzt. In Europa wurde die Türkisch Angora erst in den 80er Jahren als Rasse anerkannt. Während sie ursprünglich ganz weiß war, wird sie heute in vielen Farben und Zeichnungen gezüchtet.

Im Gegensatz zu ihrer langhaarigen Konkurrentin, der Perserkatze, hat die Türkisch Angora einen langen, geschmeidigen Körper, lange, schlanke Beine und durch die fehlende dicke Unterwolle ein wesentlich pflegeleichteres Fell. Es ist halblang, fein, seidig und wellt sich an längeren Körperteilen.

Zu ihrer eleganten Erscheinung trägt auch der vergleichsweise kleine, keilförmige Kopf und die lange, gerade Nase bei. Die großen, spitzen Ohren sind am Ansatz breit und häufig mit Haarbüscheln versehen. Ihre meist grünen oder orangen Augen sind mittelgroß und mandelförmig. Weiße Angoras haben oft auch blaue oder verschiedenfarbige Augen, womit wiederum die Gefahr der Taubheit verbunden ist.

Insgesamt wirkt die Türkisch Angora mit ihrem muskulösen Körper, dem langen, spitzzulaufenden, am Ende federbuschartigen Schwanz und den zierlichen, mit Haarbüscheln geschmückten Pfötchen sehr elegant und anmutig. Und so ist auch ihr Wesen: sanft, anschmiegsam, anhänglich und verspielt.

Die Türkisch Angora ist eine schlanke, anmutige Katze mit halblangem, seidigem Fell und federbuschartigem Schwanz.

PORTRAIT DER RASSEKATZEN

SOMALI

Da es sich bei der noch jungen Rasse der Somalikatzen um langhaarige Abessinierkatzen handelt, wurden sie nach dem an Äthiopien (früher Abessinien) angrenzenden Staat Somalia benannt. Ihr Dasein verdanken sie wie andere Rassen auch einem ursprünglich nicht einkalkulierten Langhaar-Gen bei der Zucht von Abessinierkatzen, das lange Zeit als unerwünscht galt und totgeschwiegen wurde.

Erst seit Anfang der 70er Jahre werden Somalikatzen gezüchtet, zunächst in den USA und später dann auch in Europa. Früher gab es die langhaarigen Verwandten der Abessinier nur in Wildfarben und Rot. Heute ist die Farbpalette mit der ihrer Ahnen identisch.

Was die Somalikatze von den Abessiniern unterscheidet, ist nicht nur das mittellange, extrem feine und dichte Fell, sondern auch die meist wesentlich höhere Zahl der Bänder. Diese Bänderung (Ticking) der einzelnen Haare bringt die Fellfärbung besonders wirkungsvoll zur Geltung. Die dunklen Haarspitzen sollen als Schattierung über Rückrat bis zum Schwanz verlaufen. Positiv bewertet werden Somalis mit Halskrause und Höschen, wie man die lange Behaarung an den Hinterbeinen nennt.

Somalis sind mittelgroß, muskulös und geschmeidig. Ihr gemäßigt keilförmiger Kopf zeigt im Profil sanfte Rundungen, die weit auseinandergesetzten, verhältnismäßig großen, kelchartig geformten Ohren stehen aufrecht und sind mit Haarbüscheln versehen. Weit

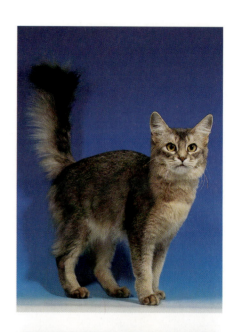

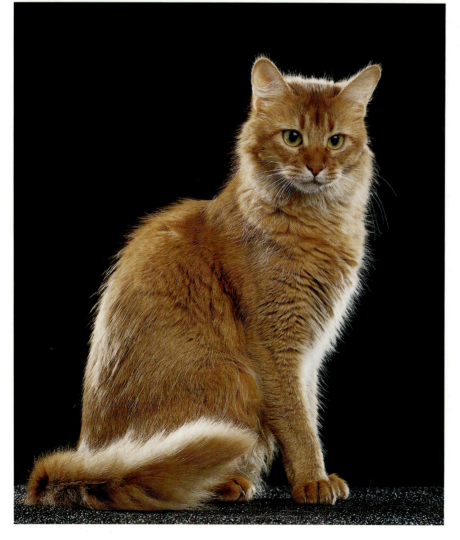

auseinandergesetzt und groß sind auch ihre mandelförmigen, ausdrucksvollen Augen, die bernsteinfarben, haselnußbraun oder grün leuchten. Sie werden von einer hellen „Brille" umrandet, und über jedem Auge verläuft ein kurzer, dunkler, vertikaler „Lidstrich", der sich vom oberen Lid bis zum Ohr fortsetzt.

Die Beine der Somali sind lang und schlank, die Pfoten oval und zwischen den Zehen mit Haarbüscheln versehen. Ihr langer, an der Wurzel dicker, buschiger Schwanz ist am Ende zugespitzt. Somalikatzen sind lebhaft und sehr anspruchsvoll, wenn es ums Schmusen und Spielen geht.

Die Somalis haben im Gegensatz zu ihren Ahnen, den kurzhaarigen Abessiniern, ein längeres Fell.

NORWEGISCHE WALDKATZE

NORWEGISCHE WALDKATZE

Die Herkunft der Norwegischen Waldkatze liegt weitgehend im Dunkeln. Lange Zeit kannte man sie nur in ihrer nordischen Heimat, in der sie schon seit 1930 gezüchtet wird. Erst seit 1977 ist sie international anerkannt. Mit ihrem langen, buschigen Schwanz gleicht sie den Trollkatzen in den skandinavischen Märchen.

Die Norwegische Waldkatze, in ihrer Heimat Norsk Skaukatt genannt, fasziniert durch ihr wildkatzenhaftes Aussehen. So robust, wie sie wirkt, ist ihr Fell. Dichte Unterwolle schützt sie vor eisiger Kälte, und das glatte, leicht fettige, wasserabstoßende Deckhaar hält Regen und Schnee ab. So ist sie von Natur aus bestens für das rauhe Klima des hohen Nordens gewappnet.

In seiner ganzen prachtvollen Fülle zeigt sich das Fell der Norwegischen Waldkatze erst nach mehreren Jahren und das auch nur in den Wintermonaten. Im Sommer und bei Tieren, die ausschließlich im Haus leben, ist das Fell weicher und kürzer. Auch die aus kurzer Nackenkrause, seitlichen Koteletten und Vorderlätzchen bestehende Halskrause ist dann nicht so ausgeprägt. Was Farbe und Farbkombinationen des Fells betrifft, gibt es keine Einschränkungen. Weiße Abzeichen, Medaillon und Bauchfleck dürfen bei allen Farben vorkommen.

Der Kopf der Norwegischen Waldkatze hat, von den Ohransätzen bis zur Kinnspitze die Form eines gleichschenkligen Dreiecks, die Nase ist mittellang und gerade. Die großen, an der Spitze leicht abgerundeten Ohren sind stark behaart und wie bei einem Luchs wachsam nach vorn gerichtet. Die Augen sind bei jungen Kätzchen fast rund, später groß und mandelförmig. Die Farbe der Augen soll harmonisch auf die Fellgrundfarbe abgestimmt sein.

Die Norwegische Waldkatze fasziniert durch ihr wildkatzenhaftes Aussehen, das in den Wintermonaten besonders ausgeprägt ist. Sie gilt als wahrer Kletter- und Balancierkünstler.

Trotz seiner Länge läßt sich das Fell gut pflegen. Es sollte täglich kurz gebürstet und beim Fellwechsel auch gekämmt werden. Im Wesen ist die Norwegische Wildkatze nicht so wild wie sie aussieht, sondern ausgesprochen anschmiegsam und sanftmütig auch gegenüber Kindern. Da sie die Gesellschaft von Menschen und anderen Katzen liebt, sollte man sie möglichst nicht allein lassen. Damit sie ihre Begeisterung für das Klettern und Balancieren ausleben kann, braucht sie auch drinnen einen Baum, an dem sie ihre Kunststücke unter Beweis stellen kann.

PORTRAIT DER RASSEKATZEN

MAINE COON

Die Maine Coon gehört zu den ältesten und größten Katzenrassen. Der Bundesstaat Maine im rauhen Norden der USA ist ihre Heimat und coon das amerikanische Wort für Waschbär. Wahrscheinlich hängte man diesen Namen an, weil der buschige Schwanz dem des kleinen Bären ähnlich ist. In den Bereich der Legenden gehört die biologisch absolut unhaltbare Theorie, daß die Maine Coon aus einer Kreuzung von Hauskatzen und Waschbären entstanden ist.

Über den Ursprung der Maine Coon gibt es bis heute nur Vermutungen. So nimmt man an, daß sich kurzhaarige, amerikanische Hauskatzen mit langhaarigen Mutanten paarten, die Auswanderer, Händler und Seeleute aus Europa mitbrachten. Die auffallende Ähnlichkeit der Maine Coon mit der Norwegischen Wildkatze läßt wiederum vermuten, daß beide gemeinsame Vorfahren haben.

Belegt ist, daß Maine Coons bereits Mitte des 19. Jahrhunderts bei landwirtschaftlichen Ausstellungen gezeigt und als Ratten- und Mäusefänger geschätzt wurden. Aus dem ursprünglichen Nutztier wurde dann sehr bald eine anerkannte Katzenrasse. Ihr Ruhm war jedoch nicht von langer Dauer.

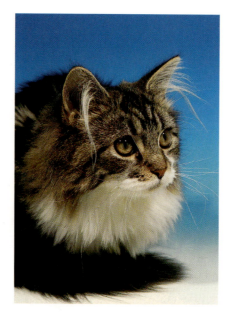

Bereits um die Jahrhundertwende, als die ersten Perserkatzen in den USA auftauchten, geriet die Maine Coon mehr und mehr in Vergessenheit. Jahrzehntelang war sie kaum noch auf Ausstellungen zu sehen. Erst in den 50er Jahren konnte sie durch die Initiative von engagierten Züchtern und Liebhabern dieser Rasse ein Comeback feiern und ist heute in aller Welt beliebt.

Die Maine Coon ist stattlich in Größe und Gewicht. Da sie zu den Spätentwicklern gehört, ist sie erst im Alter von etwa drei Jahren ausgewachsen. Der rechteckig wirkende, lange Körper ist muskulös und hat einen breiten Brustkorb. Kräftig sind auch die Beine, groß und rund die mit Haarbüscheln versehenen Pfoten. Lang wie der Körper ist der am Ansatz breite und zum Ende mit langem, fließendem Haar spitz zulaufende Schwanz.

Hauptmerkmal neben der Körpergröße ist das schwere und zottige, aber seidige Fell in unterschiedlicher Länge. Besonders lang ist es an Bauch und an den Hinterbeinen. Betrachtet man die Maine Coon von hinten, sieht es aus, als hätte sie Knickerbocker an. Von vorne schmückt sie eine Halskrause. Im Verhältnis zum Körper ist der zur Schnauze hin viereckige Kopf relativ klein. Die mittellange Nase wirkt im Profil wie eine Stupsnase.

Die großen mit Büscheln besetzten Ohren sind an der Basis breit, hoch angesetzt, spitz zulaufend und stehen weit auseinander. Die großen, ausdrucksvollen Augen sind leicht schräg geschnitten und stehen ebenfalls weit auseinander. In der Farbe sind alle Schattierungen von Grün, Gold und Kupfer erlaubt.

Da das Fell keine Unterwolle hat, verfilzt es kaum und läßt sich gut pflegen. Und auch sonst ist die Maine Coon eine pflegeleichte Katze, solange man genug mit ihr spielt und schmust. Sie ist eine ideale Familienkatze und verträgt sich auch mit anderen Hauskatzen. Eines hat sie anderen Katzen voraus: Sie miaut nicht nur, sondern gibt auch zirpende Laute von sich, aus denen man Wohlbehagen oder auch das Gegenteil heraushören kann.

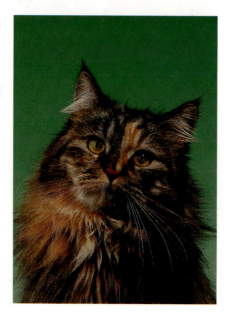

Ihrem buschigen, an einen Waschbären erinnernden Schwanz verdankt die Maine Coon ihren Namen. Sie gehört zu den ältesten und größten Katzenrassen. Besonders imponierend sind die großen ausdrucksvollen Augen, die üppige Halskrause und die ebenfalls großen, mit Haarbüscheln versehenen Ohren und Pfoten.

PORTRAIT DER RASSEKATZEN

RAGDOLL

Für den Namen Ragdoll, zu deutsch Stoffpuppe, gibt es eine ganz einfache Erklärung. Trotz ihrer imposanten Größe fühlt sich diese Katze ausgesprochen knuddelig an, wenn man sie auf den Arm nimmt, und läßt sich auch gerne knuddeln. Die ersten Ragdolls wurden Anfang der 60er Jahre in Kalifornien von einer weißen Langhaarkatze geboren. Ihr Vater war ein Birmakater.

Der Ragdoll wird nachgesagt, daß sie besonders schmerzunempfindlich ist, doch wird das inzwischen mehr und mehr bezweifelt. Unempfindlich ist sie an ihrem zum Fettansatz neigenden Bauch. Und er wird auch bei der

Bewertung toleriert. Ansonsten soll der Körper lang und muskulös sein mit gut entwickeltem Brustkorb. Ausgewachsen ist die Ragdoll erst mit drei bis vier Jahren.

Kräftig sind auch der breite keilförmige Kopf, die mittellangen Beine und die fedrig gebüschelten Pfoten. Ihr Schwanz ist lang und buschig. Ihr Gesicht ist geprägt durch volle Wangen, die sich zur Schnauze hin verjüngen. Die mittelgroßen, am Ansatz leicht nach vorn geneigten Ohren sind an der Spitze abgerundet und mit Haarbüscheln versehen. Die großen, ovalen Augen stehen weit auseinander und sind meist Blau.

Das Fell der Ragdoll ist mittellang bis lang, dick, weich und seidig. Es liegt am Körper an, macht aber jede Bewegung der Katze mit. Am längsten ist es um den Hals und das Gesicht herum und hinterläßt den Eindruck eines Lätzchens. Kurz bis mittellang und dick soll das Fell an den Vorderbeinen sein, federartig an den Hinterbeinen. Im Winter ist das Fell dicker und länger als im Sommer. Trockenes oder rauhes und verfilztes Fell wird als Fehler bewertet.

Ragdolls gibt es in drei Varianten: Zweifarbig, Mitted und Colourpoint. Bei der Zweifarbigen sind Brust, Bauch und Beine weiß, während Gesichtsmaske, Ohren und Schwanz dunkel sind. Als typisches Merkmal trägt sie ein symmetrisches, weißes umgekehrtes „V" auf der Stirn. An den ursprünglichen Birma-Vater erinnert die Mitted mit ihren weißen Handschuhen. Weiß sind auch Brust, Lätzchen und Kinn. Die Colourpoint hat gut durchfärbtes Haar. Die Körperfarbe soll einen Ton heller sein als die Points, aber dunkler als Brust, Lätzchen und Kinn. Die Farbe der Points muß sich gut abheben.

Die Ragdoll kuschelt gern und ist sehr anhänglich. Man kann sie knuddeln wie eine Stoffpuppe oder ein Baby. Sie braucht viel Zuwendung des Menschen und auch genügend Zeit für gemeinsames Spiel.

Die Ragdoll kuschelt gern und läßt sich trotz ihrer imposanten Größe knuddeln wie eine Stoffpuppe.

Kurzhaarkatzen

SIAMKATZE

Die Siam stammt im Gegensatz zu vielen anderen Katzenrassen tatsächlich aus dem Land, dessen Namen sie trägt – dem heutigen Thailand. Mit ihrem grazilen Körperbau, ihren anmutigen Bewegungen und ihren strahlendblauen, mandelförmigen Augen gehört diese fernöstliche Schönheit weltweit zu den beliebtesten Kurzhaarkatzen.

Der genaue Ursprung der Siam liegt bis heute im Dunkeln. Die Zeichnung in einem aus dem 14. Jahrhundert stammenden Gedichtband weist darauf hin, daß es die Siam oder siamähnliche Katzen schon damals gegebenen hat. Vermutet wird, daß es sich um eine Züchtung zwischen thailändischen Hauskatzen und Bengalkatzen handelt. Das erste Siampärchen soll um 1880 der britische Generalkonsul Owen Gould nach England gebracht haben. Als einige Jahre später erstmals Siamkatzen bei einer Ausstellung in London gezeigt wurden, war ihr Siegeszug nicht mehr aufzuhalten. Sie wurden zu Lieblingen der englischen Gesellschaft und waren bald in aller Welt bekannt und beliebt.

Im Laufe der Jahrzehnte hat sich das Schönheitsideal allerdings gewandelt. Im Vergleich zu früher sind Kopf, Körper und Schwanz der Siam heute wesentlich schlanker und die Augen blauer. Das charakteristische Merkmal der Siamesen blieb jedoch erhalten: die Zeichnung des Fells im Gesicht, an

Mit ihren strahlendblauen Augen, ihrem graziösen Körper und ihren anmutigen Bewegungen gehört die Siam weltweit zu den beliebtesten Kurzhaarkatzen. Markantes Merkmal der Siamesen sind die ausgeprägten Abzeichen im Gesicht, an Ohren, Pfoten und Schwanz.

PORTRAIT DER RASSEKATZEN

den Ohren, den Pfoten und am Schwanz. Während die ersten Siamesen lediglich dunkelbraune Abzeichen hatten, gibt es diese Edelkatzen inzwischen in zwanzig verschiedenen Farbvarietäten.

Nach dem heutigen Schönheitsideal muß die Siam einen langen, schlanken Körper haben, lange, schlanke Beine – hinten etwas höher als vorne – und kleine, ovale Pfoten. Lang, spitz zulaufend und ohne jeglichen Knick soll der Schwanz sein. Gut proportioniert wie der Körper ist auch der Kopf: im Profil keilförmig mit langer, gerader Nase, kräftigem Kinn und ziemlich großen, spitz zulaufenden und weit auseinander gesetzten Ohren.

Das dicht anliegende Fell der Siam ist sehr kurz, fein und glänzend. Wichtig ist, daß alle Abzeichen auf die Grundfarbe abgestimmt sind und einen deutlichen Kontrast zur Körperfarbe bilden. Bei der Geburt sind alle Siamesen zunächst weiß. Die endgültigen Farben zeigen sich erst bei ausgewachsenen Katzen. Überschlanke Siamkatzen mit extrem schmalem Kopf sind besonders anfällig für Infektionskrankheiten und Zahnprobleme. Charakterlich können Siamkatzen sehr verschieden sein. Sie erwarten, daß man sich intensiv mit ihnen beschäftigt. Sie spielen gern, sind temperamentvoll und die gesprächigsten aller Katzen. Ihre Stimme ist laut und durchdringend, was in hellhörigen Wohnungen möglicherweise zu Problemen mit den Nachbarn führt. Die besonders anhängliche Siam, die sich wie ein Hund an der Leine führen läßt, kann sehr eifersüchtig auf andere Menschen und Katzen reagieren.

Links oben: Keine andere Katze hat eine so laute und durchdringende Stimme wie die Siam.
Links: Siamesen werden weiß geboren und zeigen erst nach einigen Monaten die typische Fellzeichnung.
Rechts: Die preiswürdige Siam hat einen keilförmigen Kopf, der seitlich eine Linie mit den weit auseinandergesetzten, großen Ohren bildet.

ORIENTALISCH KURZHAAR

ORIENTALISCH KURZHAAR

Die Ähnlichkeit der Orientalisch Kurzhaar mit der Siam ist unverkennbar. Sie hat den gleichen schlanken Körper mit langen Beinen und die gleichen Eigenschaften, jedoch nicht die für Siamesen typische Fellzeichnung. Als Orientalisch Kurzhaar werden einfarbige, gestromte und getupfte Katzen bezeichnet, die durch die Kreuzung zwischen Siamesen und anderen Kurzhaarkatzen entstanden. Im Gegensatz zu Siamesen haben sie grüne Augen.

Die älteste unter den noch verhältnismäßig jungen Orientalisch Kurzhaar ist die Havana. Den Namen er-

hielt sie, weil die Farbe ihres Fells dem berühmten kubanischen Zigarrentabak gleicht. Es hat bis zu den Haarwurzeln eine einheitliche Färbung in warmem Kastanienbraun. Neben der Havana gibt es Orientalisch Kurzhaar auch in Lilac, Weiß, Schwarz, Blau, Zimt, Creme und Caramel.

Die Havana, älteste unter den noch jungen Orientalisch Kurzhaarkatzen, ist von der Haarwurzel bis zur -spitze braun wie der berühmte kubanische Zigarrentabak. Auch das Fell der schwarzen Orientalisch Kurzhaar, Ebony (Ebenholz) genannt, muß gleichmäßig durchgefärbt sein.

PORTRAIT DER RASSEKATZEN

Schlank, hochbeinig, ausgesprochen graziös und mit keilförmigem Kopf gleichen die Orientalisch Kurzhaarkatzen den Siamesen. Mit ihrer Vielfalt an Farben und Fellzeichnungen erfreuen sich die ursprünglich nur als „einfarbige Siamesen" gezüchteten Orientalen zunehmender Beliebtheit.

Groß ist die Vielfalt an Farben und Mustern bei der Orientalisch Kurzhaar mit Tabby-Zeichnung. Die Farben sollen über den ganzen Körper verteilt und deutlich voneinander abgegrenzt sein. Das gilt für die Gestromten, Getigerten und Getupften gleichermaßen. Die gestromten und auch die getupften Orientalisch Kurzhaar tragen auf der Stirn meist das typische „M".

Die Getigerten sind quer zum Körper dicht gestreift. Bei den getupften Orientalisch Kurzhaar dürfen die Tupfen unterschiedliche Größen haben, aber nicht zu einem gebrochenen Streifenmuster zusammenlaufen. Wichtig ist, daß das Tupfenmuster von der Haarwurzel bis zur -spitze einheitlich durchgefärbt ist und einen deutlichen Kontrast zur Grundfarbe bietet. Besonders ausgeprägt ist der Kontrast zwischen Tupfenmuster und Grundfarbe bei Braun, Chocolate und Rot, geringer bei Blau, Lilac und Creme. Die Beine können mit Balken versehen oder getupft sein. Helle Haarwurzeln und weiße Flecken führen zur Abwertung.

Ansonsten haben die Orientalisch Kurzhaar das gleiche kurze, glänzende, dicht anliegende Fell wie die Siamkatze. Und auch im Wesen sind sie sich sehr ähnlich, Allerdings ist die Orientalisch Kurzhaar meist toleranter als die Siam, nicht ganz so fordernd und lautstark. Ihre Stimme klingt melodischer.

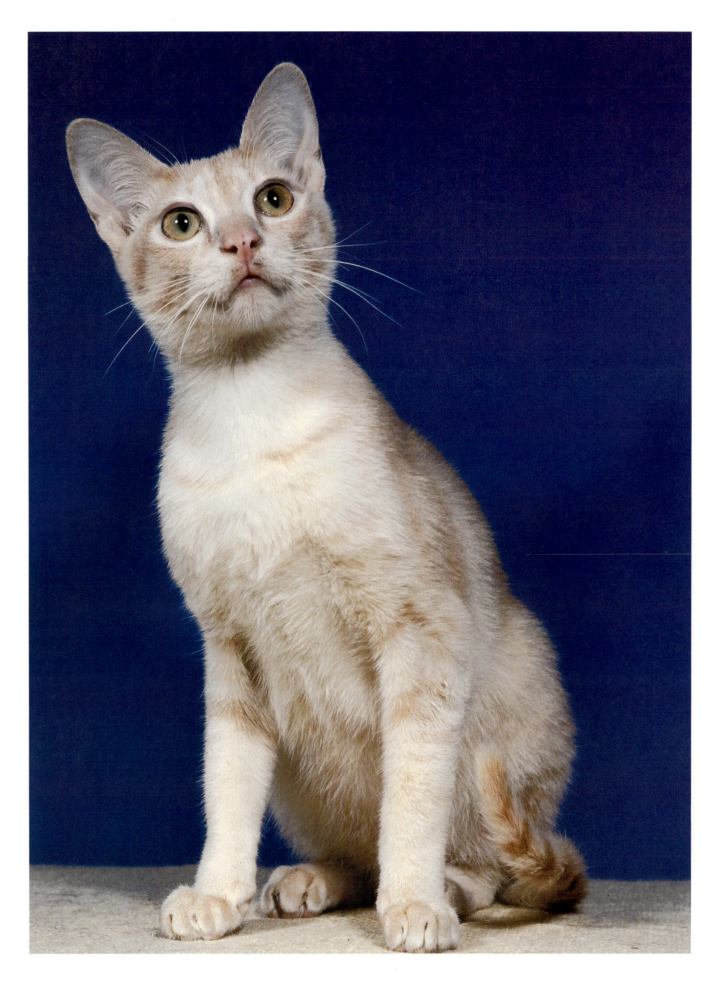

BURMA-KATZE

Die Burma ist eine sehr elegante Katze mit exotischem Flair. Angeblich soll sie wie die Birma-Katze in Birma von buddhistischen Priestern als heiliges Tier verehrt worden sein. Da Birma auf englisch Burma heißt, kommt es leicht zu Verwechslungen. Was ihr Aussehen betrifft, haben die beiden Rassen jedoch keinerlei Ähnlichkeit.

Kalifornien und brachte sie mit einem dunkelbraunen Siamkater zusammen. Es dauerte jedoch einige Jahre, bis der stark dominierende Siamcharakter verblaßte und typische Burmakatzen geboren wurden. Bereits 1936 wurde die Burma in den USA als Rasse anerkannt, in England erst 1952.

Der Standard verlangt, daß die Burma vom Typ keinerlei Ähnlichkeit mit Siamesen oder Europäischen Kurz-

Der Kopf mit breiten Wangenknochen ist oben etwas abgerundet und unten leicht keilförmig. Die kurze Nase hat einen deutlichen Knick. Die weit auseinander stehenden Ohren sind mittelgroß und an den Spitzen abgerundet. Die Augen sollen groß und glänzend sein, aber weder rund noch orientalisch. Die Augenfarbe variiert zwischen Gelb und Bernstein. Grüne Augen gelten bei braunen Burmakatzen als gravierender Fehler.

Kurzhaarkatzen wie die braune Burma sind bereits auf alten Abbildungen fernöstlicher Schriften zu sehen. Tatsache ist, daß die Ahnin der Burma-Katze Wong Mau hieß und tatsächlich aus Rangun, der Hauptstadt Birmas bzw. Burmas, stammte. Der amerikanische Arzt Dr. Joseph Thompson nahm sie 1930 mit nach

haarkatzen erkennen läßt. Der mittelgroße und muskulöse Körper der Burma hat einen kräftigen Brustkorb und ist abgerundet. Der Rücken ist von der Schulter bis zum Hinterteil gerade. Die Beine sind lang und schlank, die Pfoten zierlich und oval. Der mittellange Schwanz ist gerade und hat eine abgerundete Spitze.

Links: Typisch für die Burma-Katze sind der kräftige Brustkorb, die großen goldgelben Augen und das feine, glänzende Fell, das bei allen Farben an Brust und Bauch immer heller ist als auf dem Rücken.
Unten: Ursprünglich wurden nur braune Burma-Katzen gezüchtet.

PORTRAIT DER RASSEKATZEN

Das kurze, feine, satinglänzende Fell der Burma soll dicht am Körper anliegen. Die Unterseiten sind farblich grundsätzlich heller als der Rücken und die Beine. Maske und Ohren sind nur etwas dunkler als das Körperfell. Nasenspiegel und Pfotenballen entsprechen der Fellfarbe. Neben der klassischen braunen Burma, gibt es diese Katze heute in Blau, Schokoladenbraun, Lilac, Rot und Creme. Bei Torties darf das Fell zwei Farbtöne der Grundfarbe zeigen. Die Farben können vermischt sein oder in Flecken auftreten.

Wichtiger als die Farbe und Zeichnungen ist bei der Bewertung jedoch der Burmatyp, der in einigen Merkmalen stark von der amerikanischen Burma abweicht. Nach dem in den USA

Einer Burma-Katze, die auf Ausstellungen glänzen soll, darf man nicht ansehen, daß sie Siam-Ahnen hat. Burmesen sind muskulöser und haben einen etwas abgerundeten Kopf. Was ihr Temperament und ihre Charaktereigenschaften betrifft, sind sie den Siamesen allerdings sehr ähnlich. Burma-Katzen freuen sich, wenn sie auch im Freien spielen und herumstrolchen können.
Rechts: Die Burmilla entstand aus der Paarung einer Burma-Katze mit einem Chinchillakater.

geltenden Standard müssen Burmakatzen insgesamt stämmiger sein als in Europa und einen rundlichen Kopf und Körper haben sowie runde Augen. Weitgehend identisch mit dem europäischen Burmatyp ist dagegen die Tiffany-Katze. Der einzige Unterschied liegt in dem üppigen, langen Fell. Stark ausgeprägt ist der Burmatyp auch bei der Burmilla. Sie entstand Anfang der 80er Jahre durch die Paarung zwischen einer Burmakatze und einem Chinchillakater.

Burma-Katzen sind besonders gesellig und sehr anhänglich, haben aber auch einen ausgeprägten Willen. Sie lassen sich weder leicht aus der Ruhe bringen noch erschrecken. Während sie mit dem Menschen sehr zärtlich umgehen, können sie gegenüber anderen Katzen recht kratzbürstig sein.

KORAT

Die Korat wurde nach einer Provinz ihrer thailändischen Heimat benannt, in der sie bereits seit Jahrhunderten als Glücksbringer verehrt wird. Die Thailänder nennen sie „Si-Sawat", was Glück und Wohlstand bedeutet. Mit ihrem blauen, silberschimmernden Fell hat sie heute Liebhaber in aller Welt.

Die Schönheit der Korat wird bereits in alten thailändischen Schriften geschildert. Die ersten dieser südostasiatischen Katzen kamen Ende der 50er Jahre in die USA. 1966 wurde die Rasse anerkannt, in Großbritannnien erst 1975.

Der Körperbau der Korat erinnert mit dem gebogenen Rücken an Siamesen, ist aber muskulöser und kräftiger. Die Beine sind mittellang und schlank. Der mittellange Schwanz hat eine abgerundete Spitze, und der herzförmige Kopf verläuft in einer sanften Wölbung zur Schnauze. Die großen, hoch angesetzten Ohren haben eine abgerundete Spitze und sind am Ansatz stark gewölbt. Groß und rund sind die leuchtendgrünen Augen.

Das kurze bis mittellange, blaue Fell liegt glänzend und fein dicht am Körper an. Die getippten Haarspitzen verleihen ihm den schönen Silberschimmer, der bei kurzem Fell besonders ausgeprägt ist. Seine volle Intensität erreicht das Silbertipping erst, wenn die Katze etwa zwei Jahre alt ist. Nasenspiegel und Lippen sind dunkelblau oder lavendelfarben, die Pfotenballen ebenso, allerdings mit rötlicher Tönung. Das Fell der perfekten Korat hat keine Schattierungen und Tabbyzeichnungen, keine weißen Stellen oder Tupfen.

Mit ihren großen, runden Augen in dem herzförmigen Gesicht macht die Korat einen freundlichen und aufgeweckten Eindruck. Und so ist sie auch: verspielt, gutmütig und treu. Allerdings teilt sie die Liebe und Zuneigung ihres Menschen nur ungern mit anderen Katzen.

Groß und leuchtend sind die Augen der Korat, die in ihrer Heimat als Glücksbringer gilt.

PORTRAIT DER RASSEKATZEN

EUROPÄISCHE KURZHAARKATZE

Die Europäische Kurzhaarkatze zeigt in Körperbau sowie Vielfalt an Farben und Zeichnungen alle Merkmale der ganz gewöhnlichen Hauskatze. Im Gegensatz zum normalen Stubentiger besitzt sie jedoch einen Stammbaum. Bis auf ganz minimale Unterschiede ist sie identisch mit der British bzw. American Shorthair. Für Laien sind diese Unterschiede kaum erkennbar.

Erst Anfang der 80er Jahre wurde die Europäische Kurzhaarkatze als Rasse anerkannt. Sie hat einen ziemlich kräftigen Körper mit voller, breiter Brust, relativ kurze, kräftige Beine, runde Pfoten und einen dicken, mittellangen Schwanz mit dicker Wurzel und abgerundetem Ende.

Der Kopf der Europäisch Kurzhaar ist rund mit vollen Wangen und ausgeprägtem Kinn. Die Nase ist kurz, breit und gerade. Die kleinen, an den Spitzen abgerundeten Ohren stehen weit auseinander und sind außen reich behaart. Groß und rund sind die weit auseinander gesetzten Augen, deren Farbe entsprechend der Felltönung variiert. Das Fell muß kurz, dicht und kräftig sein. Langes und flaumiges Fell bringt schlechte Noten.

Einfarbige Europäisch Kurzhaar gibt es in Weiß, Schwarz, Chocolate, Lilac, Rot, Creme und Blau (siehe Kartäuser). Das Fell soll jeweils bis zu den Haarwurzeln möglichst einheitlich durchgefärbt sein. Bei Chocolate sind Schattierungen und weiße Markierungen erlaubt. Die bei jungen Tieren häufig auftretenden Tabbyzeichnungen verschwinden im Laufe der Zeit. Bei der erwachsenen, einfarbigen Europäisch Kurzhaar gelten Tabbyzeichnungen als Fehler.

Die weiße Europäisch Kurzhaar kann blaue, orangefarbene oder verschiedenfarbige Augen haben, Nasenspiegel und Pfotenballen sind rosa. Bei den übrigen Einfarbigen sind die Augen kupfer-, orange- oder goldfarben, Nasenspiegel und Pfoten entsprechen der Fellfarbe.

Die zweifarbige Europäisch Kurzhaar hat einfarbige, deutlich abgegrenzte Flecken. Ein Drittel bis maximal die Hälfte des Fells muß weiß sein. Bei der Schildpatt besteht die Fellfarbe aus einer Mischung aus Schwarz, sattem und blassem Rot. Die Farben müssen klar voneinander abgegrenzt sein. Weiße Flecken gelten als Fehler. Erlaubt ist lediglich eine kurze, schmale Blesse auf dem Gesicht.

Europäische Kurzhaarkatzen in weiß mit blauem und orangem Auge, in schwarz, blau-creme und rechts eine silver-blotched Tabby.

PORTRAIT DER RASSEKATZEN

EUROPÄISCHE KURZHAARKATZE

Bei den Europäisch Kurzhaar mit klassischer Tabbyzeichnung müssen die Muster deutlich abgegrenzt sein, und auf der Stirn sollte das typische „M" prangen. Über dem „M" verlaufen mehrere Linien über den Kopf bis zu den Schulterzeichnungen. Von oben betrachtet, sehen sie aus wie der Umriß eines Schmetterlings. Von dem „Schmetterling" verläuft eine geschlossene Linie über das Rückrat bis zum Schwanz.

Das gleiche Kopfmuster hat die getupfte Europäisch Kurzhaar. Auf Körper und Beinen soll das Muster aus vielen, ovalen, runden oder rosettenförmigen Tupfen bestehen, die klar voneinander abgegrenzt sind. Silbergestromte sowie Katzen mit schwarzen Punkten oder schwarzem Tipping haben im Gegensatz zu den übrigen Europäisch Kurzhaar grüne oder haselnußfarbene Augen.

Bei der getippten Europäisch Kurzhaar muß das Unterfell so weiß wie möglich sein. Das farbige Tipping auf Rücken, Flanken, Kopf, Ohren und Schwanz soll gleichmäßig verteilt sein und einen glitzernden Effekt erzielen. Die Farbe von Nasenspiegel und Pfotenballen muß mit dem Fell übereinstimmen. Getippte Katzen mit Tabbyzeichnungen haben keine Chance auf dem Siegertreppchen. Das gleiche gilt für die Smokes, deren Unterfell silbern ist.

Charakter und Wesen der Europäisch Kurzhaarkatze sind so unterschiedlich wie bei der ganz normalen Hauskatze. Wie die meisten Kurzhaarkatzen sind sie recht temperamentvoll und spielfreudig. Je heller ihr Fell ist, desto sensibler reagieren sie in der Regel.

Der Stammbaum macht die schönsten Hauskatzen zu Europäischen Kurzhaarkatzen. Sie zeigen die ganze Vielfalt der von Natur aus schönen Fellzeichnungen und Farben. Mit ihrem muskulösen Körper auf relativ kurzen, stämmigen Beinen, dem kurzen, dichten Fell und dem runden Kopf sind sie ein eindrucksvoller Beweis dafür, daß auch die Hauskatze Rasse hat.

PORTRAIT DER RASSEKATZEN

KARTÄUSER

Die Kartäuser gehört zwar im Prinzip in die Kategorie Europäisch Kurzhaar, nimmt aber eine Sonderstellung ein. Die Geschichte dieser blauen Katze mit Plüschfell läßt sich bis ins 16. Jahrhundert zurückverfolgen und ist mit vielen Legenden verknüpft.

Kartäusermönche sollen sie aus Afrika mit nach Frankreich gebracht und sie in ihrem Stammkloster Grande Chartreuse bei Grenoble gezüchtet haben. Glaubt man der Legende, wurde sie nicht nur als Mäusefänger in den Kellern und Vorratskammern geschätzt, sondern auch wegen ihres dichten Fells, das für Pelze herhalten mußte.

Der Name Kartäuser entspricht dem französischen Chartreux. Sie wurde schon früh auf Ausstellungen gezeigt und ist bis heute in Frankreich besonders beliebt. Ihren internationalen Durchbruch aber erlebte sie erst nach dem Zweiten Weltkrieg. Nach dem heute geltenden Standard ist die Kartäuser identisch mit der British Blue. Wichtig ist eine gleichmäßige Farbe bis zu den Haarwurzeln. Das Fell der ausgewachsenen Katze darf keine Tabbyzeichnungen, kein silbernes Tipping oder Weiß aufweisen. Blau wie das Fell sind Nasenspiegel und Pfotenballen.

Die Kartäuser ist robust und kennt selbst dann keine Langeweile, wenn sie allein ist. Trotzdem fühlt sie sich in Gesellschaft wohler, verträgt sich mit der ganzen Familie und auch mit anderen Katzen. Im Gegensatz zu ihrem lauten Schnurren klingt ihr „Miau"

Eine Sonderstellung unter den Europäischen Kurzhaarkatzen nimmt die Kartäuser ein. Mit ihrem blauen, besonders dichten und leicht abstehenden Fell erinnert sie an ein kuscheliges Plüschtier.

Das Fell der Kartäuser ist zwar ebenso dicht und kräftig wie bei der Europäisch Kurzhaar, aber plüschiger, da es wegen des dickeren Unterfells nicht so dicht anliegt. Die Farbskala reicht von hellem bis zu mittlerem sehr zaghaft und ist oft kaum zu hören. Mit ihrem friedlichen, ausgeglichenen und in keiner Weise fordernden Wesen ist die anhängliche Kartäuser eine Katze, die sich bei Familien so wohl fühlt wie bei Singles.

RUSSISCH BLAU

Mit ihrer Fellfärbung erinnert die Russisch Blau zunächst an die Kartäuser. Sie unterscheidet sich von ihr wie von der Europäisch Kurzhaar jedoch durch ihren insgesamt schlankeren und zarteren Körperbau.

Über ihren Ursprung weiß man bis heute nichts genaues. Vermutet wird, daß sie per Schiff aus dem russischen Hafen Archangelsk nach England kam, weil man an ihrem Fell interessiert war. Sie hieß daher eine Zeitlang auch Archangelsk-Katze. Ausgestellt wurde sie erstmals 1880 in London.

Der Körper der Russisch Blau wirkt lang, schlank und elegant. Lang sind auch die Beine und der spitz zulaufende Schwanz. Die Pfoten sind klein und oval. Ihr Kopf ist keilförmig und flach mit gerader Stirn und Nase, starkem Kinn und vortretenden Schnurrhaarkissen. Die mandelförmigen, leuchtendgrünen Augen stehen weit auseinander ebenso wie die großen, zugespitzten Ohren.

Das markanteste Merkmal der Russisch Blau ist ihr Fell: Kurz, dicht, sehr fein und seidigweich in gleichmäßigem Blau steht es aufrecht wie bei einer Robbe. Da es doppelt liegt, zeigt es einen ausgeprägten silbernen Schimmer. Das Fell erwachsener Katzen darf keine Tabbyzeichnungen und Schattierungen haben.

Um zu verhindern, daß das Fell glatt anliegt, sollte man es zunächst gegen den Strich bürsten und erst dann in die gewünschte Richtung. Die Russisch Blau ist eine sehr anpassungsfähige Katze, die den engen Kontakt zum Menschen sucht und braucht.

Das silbrigschimmernde, plüschige Fell verleiht der Russisch Blau ein besonders edles Aussehen.

PORTRAIT DER RASSEKATZEN

ABESSINIER

Wie kaum eine andere Katze erinnert die Abessinier an die Darstellungen altägyptischer Tempelkatzen. Die klassische Abessinier mit wildfarbenem Fell wirkt wie ein Puma in Miniaturausgabe. Heute werden Abessinier in acht verschiedenen Farben gezüchtet.

Die Ähnlichkeit der Abessinier mit der nubischen Falbkatze ist kein Zufall. Die Frau eines britischen Offiziers brachte Mitte des vergangenen Jahrhunderts eine der in Nordafrika lebenden Katzen aus Äthiopien nach England. Mit dieser Katze namens „Zulu" begann die Zucht der Abessinier, die bereits 1882 in England als Rasse anerkannt wurde. Sie gehört zu den wenigen schlanken Katzenrassen, in die keine Siamkatzen eingekreuzt wurden.

Die Abessinier hat einen mittellangen, geschmeidigen, muskulösen und dabei elegant wirkenden Körper. Der Schwanz ist ziemlich lang und spitz zulaufend. Lang und schlank sind auch die Beine. Der Kopf ist leicht keilförmig, die mittellange Nase leicht geschwungen. Im Profil zeigt der Kopf eine sanfte Rundung zur Stirn. Relativ groß, kelchförmig und mit Haarbüscheln versehen sind die recht großen Ohren, die weit auseinander gesetzt sind und aufrecht stehen. Die großen, mandelförmigen Augen sind grün, bernstein- oder haselnußfarben und durch schwarze oder braune Umrandung besonders ausdrucksvoll.

Das charakteristischste Merkmal der Abessinier ist jedoch das kurze, feine und dicht anliegende Fell mit doppeltem bis vierfachem Ticking, das heißt mehreren Farbbändern auf jedem Haar. Dadurch erhält das Fell die attraktiven, sich immer verändernden Schattierungen. Die getickten Haare sind ohne Streifen- oder Fleckenmuster gleichmäßig über den ganzen Körper verteilt. Bei keiner anderen Rasse ist die klassische Wildfarbe (Agouti bzw. Aguti genannt) so ausgeprägt.

Links: Die wildfarbenen Abessinier haben Ähnlichkeit mit kleinen Pumas und gleichen wie kaum eine andere Rasse den Darstellungen altägyptischer Tempelkatzen.
Rechts: Zu den klassischen Abessinierfarben gehört auch rot (sorrel). Typisch für alle Abessinier ist das feine, dicht anliegende Fell mit mehrfachen Farbbändern auf jedem Haar, von Fachleuten Ticking genannt.

ABESSINIER

Die wildfarbene Abessinier hat eine goldbraune Körperfarbe, getickt mit Schwarz, und rötlich-oranges oder apricotfarbenes Grundhaar. Bei der Abessinier Sorrel ist die kupferrote Körperfarbe schokoladenfarbig getickt. Das Grundhaar ist apricotfarben. Die Abessinier Blau hat ein blaugraues Fell mit stahlblauem Ticking. Ihr Grundhaar ist cremefarben oder hellbeige.

Abessinier haben sehr anmutige Bewegungen, sind temperamentvoll und eigenwillig. Sie lassen sich nicht erziehen und belehren, sondern erziehen ihren Menschen. Am Anfang sind sie zunächst meist mißtrauisch, wenn sie dann aber Freundschaft geschlossen haben, besonders anhänglich und treu.

Mit ihrem schlanken und muskulösen Körperbau, den geschmeidigen Bewegungen und dem charakteristischen Ticking wirkt die Abessinier sehr elegant.

PORTRAIT DER RASSEKATZEN

MANX

Die Manx unterscheidet sich in einem ganz wesentlichen Punkt von allen übrigen Katzen: Sie hat keinen Schwanz. Dieses Merkmal „verdankt" sie keineswegs den Züchtern. Sie wird von Natur aus schwanzlos geboren und lebt bereits seit Jahrhunderten auf der in der Irischen See liegenden Insel Man, wo man zum Teil das keltische Manx spricht.

In verschiedenen Legenden werden unterschiedliche Versionen für die Schwanzlosigkeit der Manx-Katzen angeführt. So sollen Hunde ihnen den Schwanz abgebissen haben, als sie die Arche Noah verlassen wollten. Nach anderen Legenden kam sie mit phönizischen Kaufleuten aus Japan bzw. schwammen an Land der Insel Man, als ein spanisches Kriegsschiff auf Grund lief. Soviel zu den Legenden. Tatsache ist, daß es sich um einen Erbfehler handelt, der vermutlich durch jahrelange Inzucht entstand.

Man unterscheidet bei der Manx Rumpies und Stumpies. Während die

Rumpy völlig schwanzlos ist und stattdessen lediglich ein Loch aufweist, hat die Stumpy immerhin einen Stummelschwanz. Die Schwanzlosigkeit und der Körperbau führen nicht nur zu dem für die Manx-Katze typischen hoppelnden Gang, wie man ihn von Kaninchen kennt, sondern auch zu gesundheitlichen Problemen.

Nach dem Standard soll die Manx-Katze insgesamt kompakt und rund sein: Runder Kopf mit runder Schnauze, dicken Backen und großen, runden Augen sowie ein kurzer Rücken, der bogenförmig von den Schultern zum abgerundeten Hinterteil verläuft, das wiederum höher sein soll als die Schulter. Der Standard verlangt die absolute Schwanzlosigkeit. Am Ende der Wirbelsäule, wo sonst der Schwanz sitzt, dürfen sich weder Knochen noch Knorpel fühlen lassen.

Das Fell liegt doppelt und soll sich wie ein weiches Polster anfühlen. Das Unterfell ist dicht und kürzer als das Oberfell. Farbe und Zeichnungen spielen bei der Bewertung eine nur untergeordnete Rolle. Bis auf die Siam-Zeichnung sind alle Farben und Muster erlaubt.

Nahezu identisch mit der schwanzlosen Manx-Katze ist die Cymric. Einziges Unterscheidungsmerkmal ist das mittellange Fell, das von den Schultern nach hinten allmählich länger wird. Da der Schwanz für Katzen nicht nur Dekoration, sondern ein wichtiges Steuerungselement ist, sind alle Manx-Katzen und Cymrics schlechte Kletterer und haben zum Teil auch Probleme beim Stehen und Gehen. Die Manx und die Cymric gelten als intelligent und ganz besonders anhänglich.

Markantestes Merkmal der Manx ist der gänzlich fehlende oder nur als Stummel vorhandene Schwanz.

PORTRAIT DER RASSEKATZEN

SCOTTISH FOLD

Die Scottish Fold, auch schottische Hänge- oder Faltohrkatze genannt, gleicht in Körperbau und Kopfform weitgehend der Europäischen Kurzhaarkatze. Ihr Markenzeichen jedoch sind die nach vorn geklappten und nach unten gefalteten Ohren, die ihr ein originelles Aussehen verleihen und sie deutlich von anderen Katzen unterscheiden.

Katzen mit Hängeohren sollen schon vor zwei bis drei Jahrhunderten in China gesichtet worden sein und wurden daher als Chinakatzen bezeichnet. Ihre Existenz wurde oft bezweifelt, bis dann Anfang der 60er Jahre tatsächlich Bauernkatzen mit gefalteten Ohren in Schottland und später auch in anderen Ländern entdeckt wurden. Mit ihnen begann die Zucht der Hängeohren.

Der Körper der Scottish Fold soll nach dem Standard wohl gerundet sein und gut genährt wirken. Der Schwanz soll möglichst lang, spitz zulaufend und beweglich sein. Einen runden Eindruck macht auch der Kopf mit dicken Backen, gut gerundeten Schnurrhaarkissen, kräftigem Kinn und Kiefer. Kater dürfen richtige Pausbacken haben. Der Kopf geht in einen kurzen Nacken über. Die Nase ist klein und leicht gebogen. Groß und rund sind die durch einen breiten Nasenrücken getrennten Augen. Farblich müssen sie zum Fell passen, bei dem alle Farbvarianten und Zeichnungen der Europäisch Kurzhaar erlaubt sind.

Strenge Maßstäbe werden bei den Ohren angelegt. Sie sollen laut Standard klein und oben abgerundet sowie vorwärts und abwärts gefaltet sein – je enger, desto besser. Wie ein Käppchen sollen sie über dem Kopf liegen und damit den runden Eindruck des Gesichts unterstreichen. Mit der Optik der Ohren sind die meisten Punkte zu erzielen.

Bei den gefalteten Ohren handelt es sich einwandfrei um eine Mißbildung, die nach Meinung von Tierärzten leicht zu Ohrentzündungen führen und das Gehör – eines der wichtigsten Sinnesorgane der Katze – beeinträchtigen kann. Die gleiche Ahnin, aber keine gefalteten Ohren hat die Scottish Straight, die ansonsten identisch ist mit der Scottish Fold. Nach dem Standard soll sie mittelgroße, leicht abgerundete Ohren haben. Der innere Ohransatz weist leicht zur Mitte hin und die äußere Spitze fügt sich in die gerundete Kontur des Kopfes ein. Außerdem gibt es noch eine langhaarige Variante der Scottish Fold. Sie haben alle den gleichen Körperbau und die gleichen Eigenschaften, sind sehr verschmust und verspielt.

Die Scottish Fold ist auf den ersten Blick erkennbar an ihren nach vorn geklappten und nach unten ein- oder zweifach gefalteten Ohren.

REX-KATZE

Die Rex-Katze hat ein ganz besonderes Fell, das sie von jeder anderen Rasse deutlich unterscheidet: Es ist von Natur aus gelockt, gewellt und gekräuselt. Kalibunker hieß der Kater, der seine Dauerwelle an die Nachkommen vererbte und damit für die Entstehung einer neuen Rasse in der Katzenwelt sorgte.

Einer Bäuerin im britischen Cornwall ist es zu verdanken, daß das gelockte Tier zum Stammvater der Rex-Katzen wurde. 1950 entdeckte sie es in dem Wurf einer schildpatt-weissen

Kurzhaarkatze. Da sie das lockige Haar der Kaninchenrasse Rex kannte, wurde aus dem Kater Kalibunker eine Rex-Katze.

Da später weitere gelockte Katzen in anderen Regionen auftauchten und gezüchtet wurden, nannte man die Rex-Katze aus Cornwall Rex Cornish. Hinzu kamen die Rex Devon aus Devonshire, die Rex German und in den USA die Rex Oregon. Die jüngste Rasse im Bunde der Rexkatzen ist die erstmals in Deutschland gezüchtete Pudelkatze.

Die Rex Cornish ist schlank und muskulös, hat lange, gerade Beine, einen langen, spitzzulaufenden und mit gelocktem Fell bedeckten Schwanz. Der Kopf ist keilförmig und verjüngt sich zu einem kräftigen Kinn. Im Profil bildet er von der Mitte der fliehenden Stirn bis zur Spitze der langen Nase eine gerade Linie. Die großen, hoch auf dem Kopf angesetzten Ohren sind breit im Ansatz, an den Spitzen abgerundet und mit feinem Fell bedeckt. Die Farbe der ovalen, mittelgroßen Augen soll mit der Fellfarbe harmonieren, und gewellt müssen auch die langen Schnurrhaare und Augenbrauen sein.

An ihrem Fell wird die Rex Cornish gemessen. Es soll sehr kurz, fein, weich und gekräuselt sein – gelockt, gewellt und gekräuselt vor allem auf Rücken und Schwanz. Erlaubt sind alle Fellfarben und auch eine asymmetrische weiße Zeichnung. Nicht zugelassen ist sie lediglich bei der Rex Cornish mit Siam-Muster. Fehler sind kahle Stellen, zotteliges oder zu kurzes Fell sowie ein kurzer oder kahler Schwanz.

Was das Fell betrifft, sind sich Rex Cornish und Rex German sehr ähnlich.

Links und links oben: Die Rex Devon hat extrem große Ohren.
Rechts oben und unten: Stärker gewellt ist das Fell der Rex Cornish.
Oben: Der Körper der Rex German ist kräftiger und der Kopf rundlicher.

In Körperbau und Kopfform entspricht die German Rex jedoch mehr dem Typ europäischer Kurzhaarkatzen. Der Körper ist kräftiger und der Kopf runder. Schlank, fest und muskulös ist der Körper der Rex Devon. Außerdem hat sie O-Beine. Ihr keilförmiger Kopf mit vollen Wangen erinnert an die Burma-Katze. Ihre großen, oval geformten Augen stehen weit auseinander, und die großen Ohren sind ziemlich tief angesetzt. Das Fell ist so kurz und weich wie bei den anderen Rex-Katzen, besitzt aber Grannenhaare und ist nicht ganz so stark gewellt.

Das Fell der Rex-Katzen ist ausgesprochen pflegeleicht. Es wird weder gekämmt noch gebürstet, sondern nur mit einem feuchten Tuch oder Fensterleder leicht abgewischt. Rex-Katzen sind verspielt, sehr anhänglich und liebebedürftig.

PORTRAIT DER RASSEKATZEN

JAPANESE BOBTAIL

Seit Jahrhunderten kennt man die Japanese Bobtail, auch Japanische Stummelschwanzkatze genannt, in ihrer Heimat. Ihr Merkmal ist, wie der Name schon sagt, der Stummelschwanz, den sie in verschiedenen Varianten trägt.

Die Bobtail ist auf zahlreichen alten japanischen Bildern und Zeichnungen zu sehen. Als Glücksbringer gilt vor allem die dreifarbig gescheckte Stummelschwanzkatze, von den Japanern „Mi-Ke" genannt. Bei ihrem kurzen Schwanz handelt es sich nicht um eine Mißbildung. Abergläubische Japaner sind der Meinung, daß nur Katzen ohne oder mit kurzem Schwanz gut sind. Lange Schwänze bringen in ihren Augen Unglück.

Der Körper der Japanese Bobtail ist lang, schmal und elegant, dabei aber kräftig und muskulös. Lang und schlank sind auch die Beine, die Pfoten mittelgroß und oval. Typisch ist der durch die längere Behaarung wie eine Quaste aussehende, kurze Schwanz, der jedoch von Katze zu Katze sehr verschieden sein kann. Wichtig ist, daß er deutlich sichtbar und ein- oder mehrfach gebogen, gewinkelt oder geknickt ist. Ausgestreckt darf er jedoch nicht länger als maximal 14 cm sein. Auch die Richtung des Schwanzes spielt keine Rolle.

Der Kopf der Japanese Bobtail hat die Form eines gleichschenkligen Dreiecks. Die großen, ovalen Augen sind leicht schräg gesetzt, die Ohren groß und aufrechtstehend. Ein runder, kurzer Kopf und gedrungener Körper gelten als Fehler.

Das Fell der Japanese Bobtail ist mittellang, weich und seidig. Farblich sind alle Varianten erlaubt, die auch für die Europäisch Kurzhaar gelten mit Ausnahme des Abessinier-Agouti und der Siam-Zeichnung. Besonders beliebt aber ist die dreifarbige „Mi-Ke" in der Kombination von Schwarz, Rot und Weiß. Die Japanese Bobtail hat ein freundliches Wesen und eine relativ zarte Stimme, die sie jedoch gerne und oft einsetzt.

Wie eine Quaste wirkt der fächerförmig behaarte Stummelschwanz der Japanese Bobtail.

DIE KATZENWOHNUNG

Was die Katze zu ihrem Glück braucht

Katzen sind bescheidene Wesen, was die Einrichtung ihrer neuen „Wohnung" betrifft: ein Körbchen mit kuscheliger Einlage, eine Katzentoilette, Futter- und Wassernapf, ein Kratzbaum, Katzengras und ein Tischtennisball. Wenn sie dann dazu noch liebe Menschen um sich hat, die viel mit ihr schmusen und spielen, ist sie rundum zufrieden.

Die „Katzenwohnung" sollte komplett eingerichtet sein, wenn Ihr samtpfötiger Hausgenosse Einzug hält. Ebenso wichtig ist aber, daß Sie sich viel Zeit nehmen, um ihm das Einleben so leicht und angenehm wie möglich zu machen. Berufstätige Singles planen am besten von vornherein ein paar Tage Urlaub ein, da die Weichen für ein harmonisches Zusammenleben von Mensch und Katze in den ersten Tagen gestellt werden.

Zehn Wochen sollten Kätzchen mindestens alt sein, bevor sie von der Mutter getrennt werden. Ideal ist es, wenn die Katze Sie bereits vor dem Umzug kennengelernt und möglicherweise schon mit Ihnen Freundschaft geschlossen hat. Dann fällt ihr die Trennung von der gewohnten Umgebung nicht so schwer. Schließlich darf man nicht vergessen, daß junge Kätzchen bisher mit ihren Geschwistern herumtollten und sich dann plötzlich meist als Einzelkatze in völlig fremder Umgebung zurechtfinden müssen. Als Ausgleich brauchen sie daher gerade in den ersten Tagen ganz viele Streicheleinheiten und einen zweibeinigen Spielgefährten.

Viel Zeit zum Schmusen und Spielen brauchen aber keineswegs nur junge Kätzchen, die sich relativ schnell eingewöhnen. Viel schwieriger ist die Umstellung für eine ältere Katze, die plötzlich aus ihrem gewohnten Umfeld

WAS DIE KATZE ZU IHREM GLÜCK BRAUCHT

Rest ihrer neuen Umgebung erkunden, und das macht sie am liebsten auf eigene Faust. Allerdings sollten Sie das Kätzchen bei der ersten Entdeckungstour nicht aus den Augen lassen und vor allem darauf achten, daß alle Fenster und Balkon- bzw. Terrassentüren geschlossen sind.

Balkon und Garten sind zunächst einmal tabu. Ins Freie darf die Katze erst, wenn sie sich bei Ihnen so richtig zu Hause fühlt – frühestens nach zwei Wochen. Sobald das Kätzchen seinen Rundgang durch die Wohnung beendet hat, und die Neugierde vorerst gestillt ist, wird es sich freuen, wenn es im Futternapf das findet, was es am liebsten frißt. Kuschelt und schnurrt es anschließend in Ihrem Schoß, können Sie sich auf viele schöne gemeinsame Jahre freuen.

herausgerissen wird. Da kann es sehr hilfreich sein, wenn Sie ein der Katze vertrautes Teil mitnehmen – ein Kissen, auf dem sie besonders oft lag, einen Ball, mit dem sie gern spielte oder auch das bisher gewohnte Katzenklo. Wenn sie dann noch Ihre Liebe spürt, wird sie ihre alte Heimat schnell vergessen und ihr neues Zuhause schätzen.

Allerdings sollten Sie gerade älteren Katzen Zeit lassen und sie nicht gegen ihren Willen streicheln oder auf den Arm nehmen. Mit erzwungenen Streicheleinheiten erreichen Sie höchstens das Gegenteil. Warten Sie in Ruhe ab, bis die Katze von selbst um Ihre Beine streicht und Ihnen damit ihre Freundschaft und den Wunsch nach mehr Nähe signalisiert.

Zeigen Sie der Katze gleich nach der Ankunft, wo das Katzenklo steht. Möglicherweise geht sie direkt hinein, um sich zu erleichtern. Vielleicht will sie aber zunächst einmal auch den

Junge wie ältere Katzen gewöhnen sich schnell an ihre neue Umgebung, wenn sie die Liebe des Menschen spüren. Es ist nur eine Frage der Zeit, wann sie von selbst den Wunsch nach Streicheleinheiten signalisieren, sich wohlig kuscheln und zufrieden schnurren.

DIE KATZENWOHNUNG

Sicherer Transport

Wer ein Kätzchen oder auch eine ältere Katze nur ungern abgibt, weil er an dem Tier hängt, wird es persönlich ins neue Heim bringen. Wenn das aus irgendwelchen Gründen nicht möglich ist und Sie Ihre Katze selbst bei Bekannten, im Tierheim oder beim Züchter abholen, brauchen Sie einen Behälter, in dem Sie das Tier sicher transportieren können und es Ihnen nicht möglicherweise entwischt.

Bei der ersten Autofahrt sollte möglichst ein Begleiter dabei sein, der das aufgeregte und vielleicht auch wimmernde Kätzchen unterwegs beruhigt und streichelt. Nehmen Sie es aber keinesfalls aus dem Behälter heraus. Das könnte für das Kätzchen und Sie lebensgefährlich sein, da man nie weiß, wie das Tier reagiert, und manche Katze regelrecht in Panik gerät.

Ein gut verschließbarer Korb oder Transportbehälter aus Kunststoff sorgt dafür, daß Ihr Kätzchen auf dem Weg ins neue Heim nicht vor lauter Angst und Aufregung entwischt. Sicher auf dem Rücksitz untergebracht, wird es die erste Autofahrt gut überstehen.

SICHERER TRANSPORT

Dieser Transportbehälter kann eine Box aus Kunststoff sein oder ein Korb. Auf jeden Fall sollte er sich gut verschließen lassen und so geräumig sein, daß die Katze auch dann noch Platz genug hat, wenn sie ausgewachsen ist. Schließlich wird man ihn auch später noch oft genug brauchen, zum Beispiel für den Weg zum Tierarzt. Ein Transportkorb hat gegenüber Kunststoffboxen den Vorteil, daß sich die Katze auch zu Hause gern hinein kuschelt.

Wer bisher wenig Erfahrung im Umgang mit Katzen hat, sollte sich vom bisherigen Besitzer genau zeigen lassen, wie er das Kätzchen richtig anfaßt – auf keinen Fall am Genick. Dieser Griff ist allein der Katzenmutter vorbehalten, die ihn jedoch auch nur bis zu einem gewissen Alter des Kätzchens anwendet. Bei dem Genickgriff kann es leicht zu inneren Verletzungen kommen. Und so ist es richtig: eine Hand am Bauch zwischen die Vorderbeine legen und mit der anderen Hand Hinterbeine und Gesäß umfassen.

Auf keinen Fall dürfen Sie die Katze in den Transportbehälter zwingen. Warten Sie in Ruhe ab, bis sie aus Neugierde von selbst hineingeht. Gutes Zureden und ein Leckerbissen können Wunder wirken. Fragen Sie den bisherigen Besitzer auch nach den Gewohnheiten und den Eigenheiten der Katze und natürlich nach ihrem Lieblingsfutter. Davon sollten Sie zumindest für die ersten Tage einen entsprechenden Vorrat parat haben. Damit sammeln Sie direkt Pluspunkte und brauchen nicht zu befürchten, daß Ihr Kätzchen den Futternapf verschmäht. Liebe geht auch bei Katzen durch den Magen.

Wer bisher keine Katzenerfahrung hat, sollte sich genau zeigen lassen, wie man das Kätzchen richtig anfaßt. Der häufig zu beobachtende Genickgriff kann zu inneren Verletzungen führen und ist allein der Katzenmutter vorbehalten. Auch sie wendet ihn nur so lange an, bis das Katzenkind selbst laufen kann.

DIE KATZENWOHNUNG

Das stille Örtchen

Die Reinlichkeit der Katze ist sprichwörtlich. Sie ist ihr sozusagen angeboren bzw. mit der Muttermilch eingeflößt. Wird das Katzenbaby nicht zu früh von der Mutter getrennt, ist es meist bereits sauber, wenn es in sein neues Heim umzieht.

Ein Musterbeispiel für Reinlichkeit war unsere kleine Filou, eine ganz normale getigerte Hauskatze. Obwohl sie während der dreistündigen Autofahrt wimmerte und die mit Streu gefüllte Schale verschmähte, passierte kein Malheur. Kaum hatte sie die Schwelle ihres neuen Heims überschritten, setzte sie sich sofort in das Katzenklo.

kippsichere Plastikwanne mit nicht zu hohem Rand, aber so groß, daß sich die Katze bequem niederlassen kann. Konstruktionen mit Dach werden von den meisten Katzen weniger geschätzt, da sie sich darin eingeengt fühlen bzw. der sich unter dem Dach stauende Geruch sie stört.

Die Toilette sollte an einem ruhigen Platz stehen, da die Katze ihr „Geschäft" gern ungestört und unbeobachtet verrichtet. Wichtig ist, daß das Katzenklo leicht und jederzeit zugänglich ist. Der beste Standort sind Badezimmer oder WC. Die Katzentoilette wird 3 bis 5 cm hoch mit Streu gefüllt. Die preiswerteste Streu sind Torf, Sägemehl oder Papierstreifen. Sie haben jedoch den Nachteil, daß sie leicht an

so oft auszutauschen. Allerdings läßt es sich auch dabei nicht vermeiden, daß Streureste mit den Pfötchen durch die Wohnung getragen werden.

Wie oft die Streu gewechselt werden muß, ist von Katze zu Katze sehr verschieden. Die Toilette darf auf jeden Fall nicht riechen und muß vor jeder neuen Füllung mit heißem Wasser ausgewaschen werden. Schütten Sie die alte Streu nicht ins WC, da es sonst zu Verstopfungen kommen kann. Das gilt nicht für die nassen Klumpen bzw. Häufchen, die Sie mit einer kleinen Streuschaufel – im Tierfachhandel erhältlich – täglich ein- bis zweimal entfernen sollten. Ihre Katze wird es Ihnen mit absoluter Stubenreinheit danken.

Ein stets mit sauberer Streu gefülltes Katzenklo ist auch dann notwendig, wenn die Katze Auslauf hat. Die Hersteller von Katzentoiletten lassen sich immer neue Varianten einfallen. Ausreichend ist eine ganz normale,

den Pfoten und im Fell hängenbleiben. Hygienischer ist die Verwendung von industriell hergestellter Streu, die aus mehr oder weniger feinen Körnchen besteht. Da sie Feuchtigkeit und Gerüche bindet, braucht man sie nicht

Eine Katze läßt sich nicht gern beobachten, wenn sie ihr Geschäft verrichtet. Sorgsam vergräbt sie alle Spuren. Ein stets mit sauberer Streu gefülltes Katzenklo brauchen auch Auslaufkatzen.

DIE KATZENWOHNUNG

Der Katzentisch

Den „Tisch" decken Sie Ihrer Katze am besten in einer ruhigen Ecke in der Küche. Wenn Sie ihr das „Menü" auf einem abwaschbaren Set servieren, ersparen Sie sich die Mühe, nach jeder Mahlzeit den Boden wischen zu müssen. Die meisten Katzen haben nämlich die Angewohnheit, Happen aus dem Napf zu angeln und sie erst dann zu verzehren. Was Katzen gar nicht schätzen, ist ein ständig wechselnder Platz. Die Näpfe sollten daher möglichst immer an der gleichen Stelle stehen.

Auf jeden Fall braucht die Katze zwei Näpfe – einen für das Futter und einen für Wasser. Sie sollen standfest sein und sich leicht reinigen lassen. Auch in diesem Punkt legt die Katze nämlich viel Wert auf Reinlichkeit, ganz abgesehen davon, daß Näpfe mit

DER KATZENTISCH

verkrusteten Essensresten weder hygienisch noch gesund sind. Selbst wenn der Hunger noch so groß ist, wird die Katze nicht aus ihnen fressen. Achten Sie darauf, daß immer eine mit frischem Wasser gefüllte Schale parat steht. Wenn Sie den Eindruck haben, daß Ihre Katze zu wenig trinkt, sollten Sie den Wassernapf etwas weiter entfernt von dem Futternapf aufstellen.

Spezielle Futternäpfe für Katzen gibt es in den verschiedensten Materialien, Formen und Farben bis hin zum Futterautomaten mit batteriebetriebener Zeitschaltuhr und Kühlakkus – eine Erfindung, die vermutlich bei nur wenigen Katzen auf Gegenliebe stößt. Ob Sie Näpfe aus Kunststoff, Keramik oder Glas wählen, ist im Prinzip egal. Bei gefliesten Küchenböden dürften jedoch Kunststoffnäpfe ratsamer sein. Sie scheppern nicht so laut, wenn die Katze sie schon mal kreuz und quer durch die Küche schiebt, weil ihr das darin enthaltene Futter nicht behagt. Im übrigen erwarten Katzen, daß ihr Fressen nicht nur in sauberen Näpfen, sondern vor allem pünktlich serviert wird. Ihre innere Uhr treibt sie jeden Tag etwa zur gleichen Zeit an den Futternapf.

Katzen legen Wert auf Reinlichkeit. Sie erwarten einen stets sauberen Futter- und Wassernapf und putzen sich nach dem Fressen sorgsam das Schnäuzchen und die Pfötchen.

DIE KATZENWOHNUNG

Der Tag einer Katze

Schlafen	Dösen	Spielen	Putzen	Flanieren/Laufen
9 Std. 40 Min.	5 Std. 20 Min.	3 Std. 40 Min.	3 Std. 40 Min.	1 Std. 40 Min.

Platz zum Kuscheln

Katzen schlafen täglich mehr als neun Stunden und fast ebenso viel Zeit verbringen sie mit dösen und putzen – und das zu allen Tag- und Nachtstunden. Eine liebe Gewohnheit ist das Nickerchen nach den Mahlzeiten, bei dem sie sich nur ungern stören lassen. So sprechen denn die Engländer, die diese Gewohnheit teilen, auch vom „catnapping", dem Katzenschläfchen. Schier unerschöpflich ist die Phantasie der Hersteller von kuscheligen Schlafplätzen für die Katze. Da gibt es nichts, was es nicht gibt: plüschige Telefonzellen, Mülltonnen, Mäuse etc. Doch muß so mancher Katzenliebhaber nach der Anschaffung feststellen, daß er das Geld umsonst ausgegeben hat und seine Katze viel lieber in einem alten Pappkarton döst und schläft.

Vom Tagesrhythmus einer Katze kann der Mensch nur träumen. Mehr als die Hälfte des Tages schläft und döst sie – und das nicht unbedingt nur im Katzenkorb.

PLATZ ZUM KUSCHELN

Da Katzen sich ihren Ruheplatz nicht vorschreiben lassen und selbst entscheiden, wann und wo sie schlafen, sollten Sie zunächst nicht zuviel in einen Schlafplatz investieren. Der Transportkorb oder ein ganz normales Körbchen sind anfangs völlig ausreichend. Sie müssen aber so groß sein, daß sich die Katze auch dann noch darin recken und strecken kann, wenn sie ausgewachsen ist.

Als Einlage für das Körbchen sind weiche Kissen mit abnehmbaren Bezügen oder waschbare Wolldecken am besten geeignet. Stellen Sie das Körbchen an einen zugfreien, ruhigen Platz, aber verbannen Sie es nicht in eine dunkle Ecke. Auch beim Schlafen und Dösen möchte die Katze nämlich mitbekommen, was um sie herum geschieht. Am schönsten findet sie es, wenn der Schlafplatz erhöht ist, damit sie ihre Umgebung ungehindert beobachten kann.

Zwischendurch wird sich Ihre Katze jedoch immer wieder einmal einen neuen Schlafplatz suchen. Das kann der Sessel sein, auf dem Sie am liebsten sitzen, ein Korb mit frisch gebügelter Wäsche, ein Fach im Kleiderschrank, ein Regal oder Sideboard. In der Nacht kuschelt sie sich besonders gern auf dem Kopfkissen oder am Fußende Ihres Betts. Ein beliebter Kuschelplatz ist auch der Stuhl am Eßtisch, sofern die Decke lang genug herunterhängt. Zu den Lieblingsplätzen fast jeder Katze

gehört die Fensterbank. Da kann sie in aller Ruhe dösen, sich putzen und Vögel, Menschen, Autos etc. beobachten. Achten Sie aber darauf, daß es nicht zieht und die Fenster geschlossen sind. Zu einer ganz gefährlichen Falle können gekippte Fenster werden. Sie haben schon so mancher Katze, die eben noch friedlich döste und dann plötzlich einen vorbeifliegenden Vogel entdeckte, das Genick gebrochen.

Auch wenn die Kuschelhöhle noch so gemütlich ist, wird die Katze sich auch andere Lieblingsplätze suchen. Das kann der Sessel, aber auch ein alter Pappkarton oder eine Tasche sein. Speziell zum Dösen wählt sie am liebsten einen erhöhten Platz wie zum Beispiel das Bücherregal oder ein Sideboard. So kann sie immer beobachten, was sich in ihrer Umgebung abspielt.

DIE KATZENWOHNUNG

Kratzen und Klettern

Wenn Ihre Katze in der Wohnung lebt und keine Möglichkeit hat, draußen ihre Krallen zu wetzen, müssen Sie unbedingt für einen entsprechenden Ersatz sorgen und das am besten gleich vom ersten Tag an. Sonst werden Sie die Spuren der Krallen sehr bald an Polstermöbeln, Wänden und Teppichen finden.

Kratzbretter, -pfosten und -bäume gibt es in allen Variationen und Preislagen vom einfachen Brett, das an der Wand befestigt wird, bis zum komfortablen, zimmerhohen Kratz- und Kletterbaum mit verschiedenen Plattformen und Höhlen. Wenn Sie handwerklich etwas geschickt sind, können Sie den Kratzbaum natürlich auch selbst bauen, indem Sie ein Rundholz oder noch besser einen Baumstamm mit Rinde und Astgabel auf ein Brett schrauben und oben ein weiteres Brett als Liegeplatz befestigen.

Der Baum muß auf jeden Fall so hoch sein, daß die Katze sich völlig ausgestreckt die Krallen wetzen kann. Und hundertprozentig standfest muß er sein, damit er auch bei gewagten Kletterpartien nicht ins Wanken gerät. Die Bretter werden mit Teppichbodenresten (am besten Nadelfilz) beklebt, und das Rundholz umwickeln Sie mit Sisalschnur oder Tauen. Damit können Sie auch den Baumstamm wieder funktionstüchtig machen, wenn die Borke durch das ständige Kratzen allzu lädiert ist.

Damit der Kratz- und Kletterbaum nicht wackeln und rutschen kann, sollten Sie unter das Bodenbrett eine Noppengummimatte kleben und den Baum vorsichtshalber an einer Seite zusätzlich in der Wand verankern. Diese Vorsichtsmaßnahme zahlt sich aus. Hat die Katze nämlich nur einmal schlechte Erfahrungen mit dem Kratzbaum gemacht, wird sie ihn in Zukunft meiden und sich lieber wieder an die Polster oder Tapeten halten. So ein Kratzbaum hat den Vorteil, daß die Katze nicht nur ihre Krallen wetzen, sondern auch klettern kann.

Ein Katzenbaum ganz nach dem Geschmack der kleinen Perser.

KRATZEN UND KLETTERN

Einfacher und preiswerter, aber nicht so effektvoll ist ein in entsprechender Höhe an der Wand befestigtes Kratzbrett. Auch das können Sie leicht selbst machen, indem Sie einfach ein Brett mit Teppichboden oder Reismatten bekleben. Oder Sie bieten Ihrer Katze eine kräftige Kokosmatte mit Borsten zum Krallenwetzen an.

Wenn der Stubentiger einen Baum zum Kratzen, Klettern und Spielen hat, ist seine Welt in Ordnung. Manche Katzen begnügen sich auch mit einem Kratzbrett.

DIE KATZENWOHNUNG

Die Spielzeugkiste

Spielen gehört zu den liebsten Beschäftigungen jeder Katze. Was das Spielzeug betrifft, ist sie nicht wählerisch. Wichtig ist allein, daß es sich bewegt. Bevor Sie Spielzeug kaufen, inspizieren Sie am besten erst einmal Ihren Haushalt. Sie glauben gar nicht, was Sie da alles an Utensilien hervorzaubern, die sich für das gemeinsame Spiel eignen. Die Betonung liegt auf gemeinsam. Nur wenn Sie mitspielen, macht es Ihrer Katze Spaß. Die tägliche Spielstunde ist ein Muß für jeden, der ein Kätzchen zu sich nimmt.

Am besten sammeln Sie schon vor der Ankunft Ihres samtpfötigen Hausgenossen leere Garnrollen, Korken, Seidenpapier und Stöckchen. Dann haben Sie schon mal einen ausreichenden Vorrat für die ersten Tage. Mit der Zeit werden Sie immer wieder neue Möglichkeiten entdecken, das Spiel mit Ihrer Katze noch abwechslungsreicher zu gestalten. Denn Abwechslung muß sein, damit das Spielen nicht langweilig wird und der Katze und Ihnen immer wieder von neuem Spaß macht.

Was auf jeden Fall in Ihre Spielesammlung gehört, ist ein Tischtennisball bzw. gleich mehrere. Diese kleinen Bällchen verschwinden nämlich auf wundersame Weise und tauchen dann erst beim großen Frühjahrsputz oder sogar erst bei einem Umzug wieder auf. Nicht geeignet als Spielzeug sind Gegenstände mit scharfen Kanten, an denen sich das Kätzchen verletzen kann und zu kleine Gegenstände wie Knöpfe und Perlen, die leicht verschluckt werden. Die gleiche Gefahr besteht bei kleinen Plüschtieren mit aufgenähten Augen aus Glas oder Perlen.

Auch auf Bällchen aus zerknüllter Alufolie sollten Sie verzichten, da sie den Zähnen Ihres Vierbeiners schaden können. Das berühmte Wollknäuel ist ebenfalls nicht ganz ungefährlich, da sich junge Kätzchen darin leicht verheddern. Zu einer ganz gefährlichen Falle können so schön knisternde Plastiktüten werden, in die Kätzchen gern hineinkriechen und dann manchmal nicht mehr herauskommen.

Spielen gehört zu den Lieblingsbeschäftigungen nicht nur junger Kätzchen. Als Spielzeug eignet sich alles, was sich bewegt, rollt oder fliegt.

DIE SPIELZEUGKISTE

Ansonsten sind Ihrer Phantasie keine Grenzen gesetzt. Interessant ist alles, was rollt, läuft und fliegt. Ein wunderbares Spielzeug sind Bällchen aus raschelndem Seidenpapier, Walnüsse, Fellreste und Sisalkordeln mit einem Knoten am Ende, dem das Kätzchen nachjagen kann. Viel Spaß macht auch das Versteckspiel, für das Sie nur ein paar Gucklöcher in einen alten Pappkarton zu schneiden brauchen.

Damit Ihre Katze auch spielen kann, wenn Sie nicht da sind bzw. keine Zeit oder auch mal keine Lust haben, sollten Sie ans Ende einer langen Sisalkordel eine Stoffmaus, einen Korken oder ein Stoffbällchen knoten und die Kordel so an der Zimmerdecke oder am Kratzbaum befestigen, daß das Ende knapp über dem Boden schwebt.

Stubentiger lieben Wollknäuel, können sich aber darin leicht verheddern.

DIE KATZENWOHNUNG

Gras zum Knabbern

Wie die Menschen brauchen auch Katzen Grünzeug, allerdings aus ganz anderen Gründen. Während bei den Menschen der Vitaminbedarf im Vordergrund steht, ermöglicht es der Katze vor allem, die beim Putzen verschluckten Haare herauszuwürgen. Wenn Ihre Katze keine Wiese hat, auf der sie Gras knabbern kann, müssen Sie ihr eine Ersatzwiese bieten. Besonders wichtig ist sie bei langhaarigen Katzen.

Bei der täglichen Fellpflege gelangen viele Haare in den Magen und knubbeln sich da zu Ballen zusammen. Der Fachmann spricht von Bezoaren. Damit die unverdaulichen Haare nicht zu gesundheitlichen Schäden führen, muß die Katze sie herauswürgen. Dabei hilft ihr Gras. Es reizt den Magen und fördert den Brechreiz.

Die Ersatzwiese kann aus einem Blumentopf auf der Fensterbank oder einem Kasten auf dem Balkon bestehen. Für die Aussaat sind Grassamen, Hafer und Weizen geeignet. Da die „Wiese" durch die abgeknabberten Spitzen schnell unansehnlich wird und die neue Saat einige Zeit braucht, bis sie sprießt, sollten Sie immer rechtzeitig eine zweite anlegen.

GRAS ZUM KNABBERN

Eine Alternative zu der eigenen Aussaat sind spezielle Kästen mit Katzengras, die im Handel angeboten werden. Oder Sie kaufen einen Topf mit Zyperngras, das Katzen besonders gern mögen und dazu noch eine sehr dekorative Pflanze ist. Wenn Ihre Katze immer an frischem Grünzeug knabbern kann, ist die Gefahr gering, daß sie sich über Ihre Zimmerpflanzen hermacht. Abgesehen davon, daß die Optik der Zimmerpflanzen unter der Knabberei leidet, sind sie oft auch gefährlich für die Gesundheit Ihrer Katze.

Katzen fressen Gras, damit sie die beim Putzen verschluckten Haare herauswürgen können. Wenn sie kein Gras im Garten knabbern können, brauchen sie eine Ersatzwiese in der Wohnung. Dazu ist ein Topf mit Zyperngras geeignet wie ein spezieller Kasten mit Katzengras.

DIE KATZENWOHNUNG

Frische Luft

Auch Katzen freuen sich über frische Luft. Wenn der Wohnungskatze nur die Fensterbank zur Verfügung steht, sollten Sie vorsichtshalber einen mit dünnem Draht oder einem Netz bespannten Rahmen einsetzen. Dann können Sie beruhigt das Fenster auflassen und lüften, ohne befürchten zu müssen, daß die Katze in die Tiefe stürzt. Das verläuft nämlich keineswegs immer so harmlos, wie manche meinen. Bei Kippfenstern sollten Sie eine Sicherung befestigen, die verhindert, daß das Fenster zuschlägt.

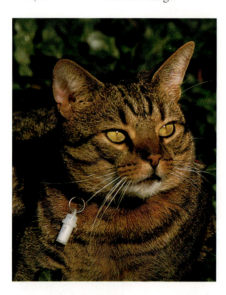

Spring- und kletterfreudige Auslaufkatzen sollte man möglichst früh an ein Halsband mit Namens- und Adressanhänger gewöhnen, da sie selten nur im eigenen Garten bleiben. Ein zum Schutz von Vögeln befestigtes Glöckchen strapaziert mit seinem Gebimmel den feinen Gehörsinn einer Katze.

Geradezu waghalsig sehen oft die Balanceakte aus, die Katzen auf Balkonbrüstungen und -geländern vollbringen. Wenn Sie nicht riskieren wollen, daß Ihr Samtpfötchen trotz seines hochentwickelten Gleichgewichtssinns einmal daneben tritt, sollten Sie den Balkon mit einem Netz absichern. Schon ein vorbeiflatternder Vogel kann nämlich leicht dazu führen, daß auch eine Katze unversehens das Gleichgewicht verliert.

Der Garten ist nur dann ein Paradies für Katzen, wenn keine Gefahr durch katzenfeindliche Nachbarn und Vogelschützer, durch Pflanzenschutzmittel, Hunde und vorbeifahrende Autos droht. Selten läßt sich ein Garten nämlich so absichern, daß die Katze ausschließlich in ihrem Revier bleibt. Das wäre nur möglich durch

einen mindestens zwei Meter hohen Drahtzaun, der oben nach innen abgeschrägt ist. Für besonders spring- und kletterfreudige Katzen ist aber auch er nicht unüberwindbar. Eine andere Alternative ist ein elektrischer Weidezaun, wie man ihn in der Landwirtschaft benutzt.

Die Gefahr, daß die Katze einen Vogel fängt, wird von vielen überschätzt. Sie besteht höchstens bei sehr jungen oder alten, kranken Vögeln. Die Chancen der Katze, einen ausgewachsen, gesunden Vogel zu erwischen, sind minimal. Daher sollte man seiner Katze keinesfalls zum Schutz der Vögel ein Halsband mit Glöckchen um den Hals hängen. Es bringt den Vögeln keinen Nutzen, schadet aber der Katze. Das ständige Gebimmel macht sie auf Dauer nervös und aggressiv, da Katzen nämlich ein sehr feines Gehör haben.

Den Ausflug ins Freie sollten Sie Ihrer Katze erst nach zwei bis vier Wochen erlauben und zunächst nur unter Aufsicht. Gewöhnen Sie das Tier früh an ein Halsband mit Anhänger, auf dem Name, Adresse und Telefonnummer vermerkt sind. Es darf weder zu eng noch zu weit sein, damit sich die Katze beim Herumpirschen im Gestrüpp und beim Klettern nicht strangulieren kann. Am besten sind Halsbänder mit elastischem Einsatz geeignet.

Wenn Sie Ihrer Katze freien Auslauf lassen wollen, wann und so oft sie es will, bewährt sich eine Katzentür. Durch die an der oberen Kante mit Scharnieren befestigte Klappe kann Ihr Liebling jederzeit ein- und ausgehen. Da man bei Katzen mit Auslauf jedoch nie ganz sicher sein kann, daß sie immer wiederkommen, sollten Sie das Tier, sobald es ausgewachsen ist, auf jeden Fall tätowieren und bei einem Suchdienst registrieren lassen. Dazu benötigen Sie Fotos Ihrer Katze.

Fotos erweisen sich auch als nützlich, wenn Sie Ihre Katze einmal vermissen sollten und in der Nachbarschaft auf die Suche gehen. Vielleicht kann sich ja jemand erinnern, Ihren vierbeinigen Ausreißer gesehen zu haben. Und das ist beim Anblick eines Fotos eher möglich als bei vagen Beschreibungen.

WIE MAN SICH ANEINANDER GEWÖHNT

Hitliste der Katzennamen

Wie jedes Kind braucht auch die Katze einen Namen – ob sie immer auf ihn hört, ist eine andere Sache. Das hat jedoch weniger mit dem Können als dem Wollen zu tun. Manchmal macht sie eben ganz einfach die Ohren dicht. Wenn eine Katze selbst wählen könnte, würde sie sich für einen zweisilbigen Namen entscheiden, in dem zwei Selbstlaute wie „u", „a" oder „i" enthalten sind. Sie klingen nämlich für Katzenohren besonders schön.

Sollten Sie sich also für Minki oder Minka, Mieze oder Miezi, Muschi, Pussi, Nicki oder Mimi entscheiden, können Sie davon ausgehen, daß Ihr Samtpfötchen seinen Namen gerne hört. Allen Katzenwünschen zum Trotz steht Peter jedoch nach wie vor ganz obenan auf der Hitliste der

Katzennamen, und auch Mohrle und Mohrchen sind unter den ersten zehn zu finden, obwohl sie keinen der von Katzen bevorzugten Selbstlaute enthalten.

Da haben es Felix, der Glückliche, Moritz, Charli und Tiger besser. Wenn Ihr Kätzchen so ein richtiger kleiner Schlingel ist, können Sie es auch Filou nennen. Ist es ganz besonders neugierig, wäre Francis passender, benannt nach dem berühmten Katzendetektiv in „Felidae". Selbst Rassekatzen mit klangvollen, doch oft unaussprechlichen Namen haben nichts dagegen, wenn sie umbenannt werden. Ihrer Phantasie sind dabei keine Grenzen gesetzt.

Je früher Sie Ihren kleinen Stubentiger taufen, desto größer ist die Chance, daß er irgendwann auf seinen Namen hört und tatsächlich auch reagiert. Reden Sie das Kätzchen bei jeder Gelegenheit mit seinem Namen an – beim Streicheln und Schmusen, beim Spielen und bei jeder Mahlzeit. Wenn Pussy wirklich kommt, sobald Sie rufen, hat sie natürlich eine Belohnung verdient. Doch dürfen Sie damit erst nach einigen Wochen rechnen – und das auch nicht immer. Eine Katze reagiert nicht auf Kommando, sondern nur, wenn sie es will.

Auch ein für Katzenohren wohlklingender Name ist keine Garantie dafür, daß der Stubentiger wirklich kommt, wenn man ihn ruft.

DER SECHSTE SINN

Der sechste Sinn

Die Katze hat, was ihr Wahrnehmungsvermögen betrifft, den Menschen einiges voraus. Während wir uns mit fünf Sinnen begnügen müssen, hat die Katze einen sechsten Sinn, der sie übersensibel macht für Gefahren. So nimmt sie jede auch noch so kleine Veränderung wahr, was ihr seit jeher den Ruf einbrachte, hellseherische Fähigkeiten zu besitzen.

Noch heute wird man beispielsweise in Marokko niemanden finden, der eine Katze mit den Füßen tritt. Schließlich sollen es Katzen gewesen sein, die 1960 bei dem verheerenden Erdbeben in Agadir vielen Menschen das Leben retteten. Laut miauend sollen sie die Häuser verlassen haben, bevor das Erdbeben die Stadt völlig zerstörte. Die Menschen, die ihnen folgten, kamen mit dem Leben davon.

Ähnliche Geschichten kursieren auch in dem jugoslawischen Skopje, wo die Erde 1963 bebte und in anderen Katastrophengebieten. Forscher glauben, daß Katzen mit ihren Pfotenballen für Menschen nicht wahrnehmbare Vorbeben spüren. Diese Fähigkeit beschränkt sich aber nicht nur auf Erdbeben. Auch bei anderen Naturkatastrophen, Bränden, ausströmendem Gas und defekten Öfen sollen Katzen durch ihr ungewöhnliches Verhalten dazu beigetragen haben, daß sich Menschen rechtzeitig in Sicherheit bringen konnten.

Die Katze muß sich nicht wie der Mensch mit fünf Sinnen begnügen. Ihr sechster Sinn, der sie Naturkatastrophen voraussahnen läßt, hat schon vielen Menschen das Leben gerettet. Und dazu hat sie noch einen ausgeprägten Zeitsinn. Ihre innere Uhr bestimmt den Tagesablauf.

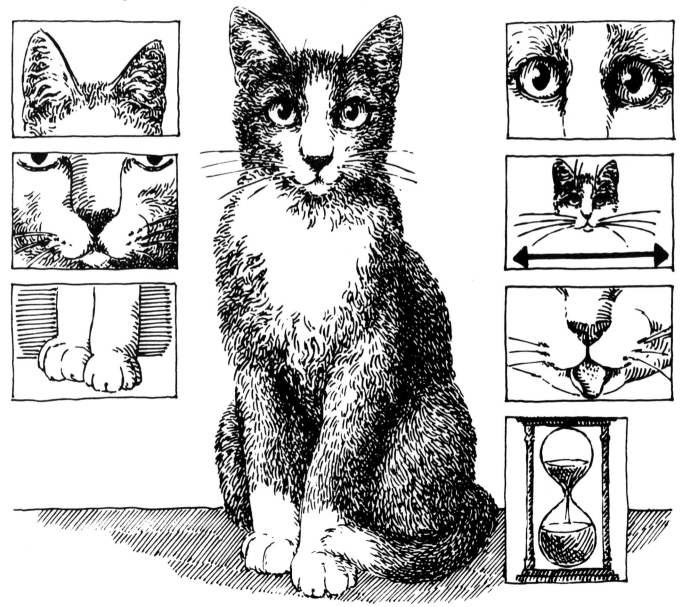

WIE MAN SICH ANEINANDER GEWÖHNT

Eine von jeher faszinierende Wirkung auf Menschen haben die Augen der Katze, mit denen sie sechsmal schärfer sieht als der Mensch. Daß Katzen auch in der Dunkelheit sehen, ist allerdings ein Gerücht. Andererseits sehen sie aber auch dann noch, wenn für uns längst tiefste Finsternis herrscht. Daß Katzenaugen in der Dunkelheit leuchten, liegt an der lichtreflektierenden Schicht hinter der Netzhaut, „tapetum lucidum" genannt. Sie sorgt dafür, daß das Licht voll ausgenutzt wird. So hat das Auge der Katze die Fähigkeit, sich stets den wechselnden Lichtverhältnissen anzupassen und gleicht damit der Blendautomatik einer Kamera. Bei zunehmender Dunkelheit werden die tagsüber schlitzförmigen Pupillen kreisrund.

Für Katzenaugen ist die Umgebung keineswegs grau in grau wie bei einem Hund. Sie können die Farben Rot, Grün und Blau unterscheiden. Bei über 2000 Versuchen des Instituts für Zoologie der Universität Mainz hatten Katzen die Wahl zwischen Gelb und Blau, um an ihr Futter zu kommen. 95 Prozent entschieden sich auch unter verschiedenen Beleuchtungsverhältnissen für Blau. Im allgemeinen wird Rot für die Lieblingsfarbe der Katze gehalten.

Faszinierend ist nicht nur die Konstruktion der Katzenaugen, sondern auch ihre Optik. Die weitverbreiteten grünen, leicht schräggestellten Katzenaugen gelten auch bei Frauen als Schönheitssymbol, betörend und ge-

heimnisvoll zugleich. Möglicherweise haben sich die Frauen auch den bei einigen Rassen besonders ausgeprägten Lidstrich von den Katzen abgeschaut. Bei der Geburt haben übrigens alle Katzen blaue Augen. Ihre spätere Farbe entwickelt sich erst im Laufe der ersten drei Monate. Wenn ausgewachsene weiße Katzen blaue Augen haben, muß man damit rechnen, daß sie taub sind.

Besonders stark ausgeprägt ist der Gehörsinn der Katze. Das Gehör ist noch schärfer als das des Hundes und dreimal so stark wie beim Menschen.

Katzenaugen faszinieren durch ihre Optik und sehen auch dann noch, wenn für den Menschen längst tiefste Dunkelheit herrscht. Mit ihren großen, aufgerichteten Ohren nehmen Katzen Geräusche wahr, die kein Mensch und kein Hund vernimmt. Auch ihr Geruchssinn ist wesentlich stärker ausgeprägt als bei Menschen. An einigen Düften können sich Haustiger regelrecht berauschen.

Ihre meist großen, aufgerichteten Ohren können in Sekundenschnelle die Geräuschquelle orten und nehmen auch die leisesten Geräusche wahr. So hört sie beispielsweise ein Mäuschen, noch bevor sie es sieht. Kein Wunder, daß eine Katze bei den geringsten, für unsere Ohren kaum wahrnehmbaren Geräuschen aufschreckt und ein Glöckchen am Halsband für sie eine physische Qual bedeutet. Katzen haben nicht nur zum Teil Ohrbüschel und Haarpinsel wie ein Luchs, sondern hören auch wie das mit ihnen verwandte Raubtier.

Hochentwickelt ist ebenso der Tastsinn, den ihnen die Schnurrhaare verleihen. Die hauptsächlich an Ober- und Unterlippe sowie über den Augen befindlichen Tast- bzw. Schnurrhaare, deren Wurzeln mit dem weitverzweigten Netz der Nervenenden verbunden sind, sind vergleichbar mit Antennen. Sie signalisieren der Katze, wenn Gefahr droht, eine Öffnung zu eng oder ein Hindernis im Weg ist. Mit Hilfe dieser Antennen erkennt sie Gegenstände und Tiere wie zum Beispiel eine Maus, die sie in dunkler Nacht nicht sehen kann. Die Stellung der Schnurrhaare verrät aber zugleich auch viel über die Stimmungslage der Katze (siehe Katzensprache).

Beim Geruchssinn haben die Hunde die Nase vorn, doch ist er bei Katzen immer noch wesentlich stärker ausgeprägt als bei Menschen. An einigen Düften können sie sich regelrecht berauschen und „flehmen" dann mit halboffenem Mund und gekräuselter Nase, weil im Gaumen ein zweites Riechorgan sitzt. Zu diesen Düften gehören in erster Linie die Katzenminze und Baldrian, aber auch dem Menschen eigene Gerüche. Wenn die Katze einen Menschen meidet, kann es durchaus sein, daß sie ihn im wahrsten Sinne des Wortes nicht riechen kann. Andererseits fühlt sie sich manchmal gerade zu den Menschen hingezogen, die absolut keine Katzen mögen. Die Katze aber mag den Duft des Menschen.

Wie gut der Geschmackssinn der Samtpfoten ausgebildet ist, weiß jeder, der jemals mit Katzen zu tun hatte. Sie können bitter, sauer und süß unter-

DER SECHSTE SINN

scheiden, sind ausgesprochene Feinschmecker und lehnen sehr entschieden alles ab, was ihrem Gaumen nicht mundet. So ist es auch ausgesprochen schwierig, irgendwelche für die Gesundheit notwendigen Mittel im Futter zu verstecken. Die Katze wird es mit Sicherheit merken und das Futter ignorieren, selbst wenn es sich um Leckerbissen handelt.

Ein anderes Phänomen ist der berühmte Gleichgewichtssinn der Katze, der sie zu akrobatischen Leistungen befähigt. Wie kein anderes Tier kann sie balancieren, ohne das Gleichgewicht zu verlieren. Und wenn sie stürzt, fällt sie normalerweise – Ausnahmen bestätigen die Regel – auf alle vier Pfoten. Bei einem Fall aus einer Höhe von zwei bis drei Metern kann sie sich aus fast jeder Lage in die Bauchlage drehen, bevor sie mit nach unten ausgestreckten Pfoten auf dem Boden landet. Der Schwanz dient ihr dabei als Ruder. Von dieser einmaligen Technik ließ sich die Weltraumbehörde NASA inspirieren, als sie ein Trainingsprogramm für Astronauten entwickelte. Mit Händen und Füßen rudernd bewegen sie sich in der Schwerelosigkeit des Alls.

Und nicht zuletzt haben Katzen eine innere Uhr, die ihnen sagt, wann es Zeit zum Fressen, Dösen und Schlafen ist. Sie lieben einen geregelten Tagesablauf. Wert auf Pünktlichkeit legen sie keineswegs nur beim Futter. Sie müssen damit rechnen, daß Ihre Katze Sie auch am Sonntagmorgen zur gewohnten Zeit weckt, obwohl Sie gern ein bißchen länger in den Federn bleiben würden, und abends zur gewohnten Zeit im Schlafzimmer darauf wartet, daß Sie sich zur Ruhe begeben.

Mit ihren langen Tasthaaren (Vibrissen) besitzt die Katze ein Radarsystem, das ihr frühzeitig Gefahren signalisiert. Die Stellung dieser Tasthaare ist zugleich auch ein Stimmungsbarometer. Ein Phänomen ist der einmalige Gleichgewichtssinn. Bei einem Sturz kann sie sich aus nahezu jeder Lage so drehen, daß sie fast immer mit nach unten ausgestreckten Pfoten auf dem Boden landet.

WIE MAN SICH ANEINANDER GEWÖHNT

Die Sprache der Katze

Auch wenn Katzen nicht sprechen, kann der Mensch sie verstehen, sofern er die Katzensprache beherrscht. Und die ist gar nicht schwer zu erlernen. Das Miau der Katzen, ihr Gesicht und ihre Körperhaltung signalisieren dem Menschen sehr genau, in welchem Gemütszustand sie sind, was sie gern haben oder gar nicht leiden können.

Wenn Katzen für falsch und unberechenbar gehalten werden, liegt es meist an Mißverständnissen. Die scheinbar so hinterlistigen Attacken kommen nämlich fast nie ohne entsprechende Vorwarnung. Vorsicht ist geboten, wenn die Katze die Pfote hebt, mit dem Schwanz wedelt und die Ohren zurücklegt. Wer diese Signale nicht kennt oder ignoriert, darf sich nicht wundern, wenn er eine gewischt bekommt.

Drohgebärden, die fast jeder kennt, sind das Fauchen und der berühmte Katzenbuckel gepaart mit gesträubtem Haar und wie eine Flaschenbürste auf-

Wer die Katzensprache beherrscht, kann vom Blick und der Stellung der Ohren und Tasthaare ablesen, ob der Stubentiger gut gelaunt ist, seine Ruhe haben will oder Gefahr droht.

geplustertem Schwanz. Katzen mit dieser Haltung, die man vor allem beim Zusammentreffen mit Hunden beobachten kann, sind für Verteidigung und Angriff gewappnet. Einen Buckel

Aufmerksam und wach

Dösen

Wachsende Unruhe

Zwischen Flucht und Angriff

Abwehrdrohung

Fauchen

DIE SPRACHE DER KATZE

macht die Katze aber auch, wenn sie aus dem Schlaf erwacht, sich reckt, streckt und gähnt. Dieser Katzenbuckel hat nichts Bedrohliches, sondern ist ein Zeichen von Wohlbehagen und Entspannung.

Katzen sind von Natur aus sehr vorsichtig. Wenn sie in eine fremde Umgebung kommen, werden sie zunächst geduckt – mit dem Bauch fast auf dem Boden – herumschleichen. Erst wenn sie sicher sind, daß keinerlei Gefahr droht, entspannt sich ihre Körperhaltung.

Wenn die Katze Ihnen mit hocherhobenem Schwanz entgegenkommt, schnurrend um Ihre Beine schleicht und Sie mit dem Kopf anstupst, ist sie zufrieden und hat nur einen Wunsch: Sie möchte gestreichelt werden. Das Anstupsen ist mit einem „Kuß" ver-

Wenn die Katze einen Buckel macht, faucht und das Fell sich sträubt oder sie mit dem Kopf fast auf dem Boden auf der Lauer liegt, ist immer Vorsicht geraten.

WIE MAN SICH ANEINANDER GEWÖHNT

Ganz auf Schmusen eingestellt sind die Samtpfötchen, wenn sie Köpfchen geben und sich völlig entspannt im Schoß kuscheln. Eine freundliche Geste ist auch der hocherhobene Schwanz. Er signalisiert, daß die Katze gute Laune hat, sich freut und gern gestreichelt werden möchte. Er kann aber auch eine Aufforderung sein, ihr zu folgen.

Babyalter die Brust der Mutter bearbeitet, um den Milchfluß anzuregen. Man spricht daher auch von „Milchtritt". Ihn praktiziert sie bis ins hohe Alter, was der Mensch durchaus nicht immer als angenehm empfindet. Das manchmal recht langwierige „Treteln", für die Katze ein Zeichen für Wohlbehagen, kann für den Menschen nämlich recht schmerzhaft sein. Am besten wappnet man sich durch entsprechende Kleidung.

Schleicht Ihr Haustiger mit erhobenem Schwanz miauend um Sie herum, so ist das meist ein Signal, ihm zu folgen. Er wird Sie zielstrebig zum leeren Futternapf führen, zur geschlossenen Balkon- bzw. Terrassentür oder zum Katzenklo, weil es seiner Meinung nach nicht sauber genug ist. Vielleicht hat er aber auch einfach nur Appetit auf einen Leckerbissen.

Nicht stören sollten Sie Ihre Katze, wenn sie zusammengerollt oder ausgestreckt mit eingeklappten Pfötchen auf der Fensterbank oder im Sessel liegt. Sitzt sie aufrecht mit elegant um die Beine drapiertem Schwanz, möchte sie ebenfalls zunächst ihre Ruhe haben und dann selbst entscheiden, ob sie mehr Lust zum Spielen oder Schmusen hat.

Ob Ihr Stubentiger freundlich gestimmt, erregt oder gar ärgerlich ist, erkennen Sie auch an der Stellung der Tast- bzw. Schnurrhaare. Normaler-

gleichbar, den Ihnen Ihr Samtpfötchen noch viel lieber in Eskimoart von Nase zu Nase gibt.

Der größte Liebesbeweis und zugleich Aufforderung zum Streicheln sind das Köpfchengeben und das „Treteln", wenn die Katze wohlig im Schoß oder auf dem Bauch ihres Menschen liegt. Beim „Treteln" bewegt die Katze rhythmisch ihre Vorderbeine mit gespreizten Pfoten, fährt die Krallen aus und zieht sie wieder ein, bevor sie sich dann so richtig gemütlich einkuschelt. Mit diesem „Treteln" hat die Katze im

DIE SPRACHE DER KATZE

weise sind sie nach beiden Seiten abgespreizt. Sind die Schnurrhaare angelegt oder nach vorn gesträubt, ist die Katze erregt, verunsichert bzw. auf Angriff eingestellt. Beobachten Sie auch die Augen: Bei Drohgebärden werden die Pupillen zu einem schmalen Schlitz, bei Erregung sind sie groß und rund.

Im übrigen sind Katzen keineswegs sprachlos. Ihr akustisches Repertoire reicht vom wohligen Schnurren und Zetern, Knurren und Fauchen. Nach Meinung von Verhaltensforschern umfaßt das Katzenvokabular sechzehn verschiedene, für den Menschen erkennbare Laute, die wiederum in drei Kategorien einzuordnen sind: Plaudertöne, Rufsignale und Erregungslaute.

Zu den Plaudertönen gehört das Schnurren und sanfte Miauen, das eigentlich immer bedeutet, daß die Katze sich wohlfühlt. Sehr viel differenzierter und vor allem in der Lautstärke je nach Rasse sehr unterschiedlich sind die Rufsignale, durch die sich die Katze mit dem Menschen verständigt. Wer genau zuhört, wird anhand der Länge und Tonlage des Miauens erkennen, ob es sich um Begrüßung, Enttäuschung, Aufforderung zum Spiel oder Füttern, Ärger, Protest oder eine Warnung handelt. In die dritte Kategorie gehören das Fauchen und Knurren, das eine Katze meist nur gegenüber anderen Tieren vernehmen läßt. Wenn Ihre Katze schnatternd wie eine Gans auf der Fensterbank oder vor der geschlossenen Balkontür sitzt, hat sie vermutlich eine Fliege oder einen Vogel im Visier und erkennt, daß die Beute unerreichbar ist. Wenn Sie Ihre Katze genau beobachten und ihr zuhören, werden Sie ihre Sprache schnell erlernen. Sie ersparen sich damit Mißverständnisse, die manchmal schmerzhafte Folgen haben können.

Nicht gestört werden möchte die Katze, wenn sie sich in dieser Körperhaltung niederläßt, die an die Darstellung altägyptischer Tempelkatzen erinnert: Der Schwanz ist dekorativ um die eng beieinander stehenden Pfötchen geschlungen, und der Blick scheint in die Ferne zu schweifen.

WIE MAN SICH ANEINANDER GEWÖHNT

Erziehung „für die Katz"?

Katzen haben eine gute Kinderstube. Mit Liebe, Geduld und Strenge hat die Mutter ihren Jungen beigebracht, wie sie ihr „Geschäft" vergraben, sich putzen, im gemeinsamen Spiel verhalten und Mäuse jagen. Hin und wieder gab es sicher mal einen Nasenstüber oder gar eine „Backpfeife", aber natürlich auch stets Streicheleinheiten für gutes Benehmen.

So folgsam Kätzchen die Anordnungen ihrer Mutter befolgen, so wenig Verständnis zeigen sie meist für die Erziehungsversuche der Menschen. Nicht umsonst haben Katzen den Ruf, gar nicht oder nur schwer erziehbar zu sein. Doch sollte man nicht gleich die Flinte ins Korn werfen. Eine Katze wird sich zwar nie völlig dem Menschen unterwerfen und wie ein Hund auf Kommando sitzen, aufstehen oder Pfötchen geben, doch mit viel Geduld und Liebe kann es gelingen, sie zumindest von einigen für den Menschen unliebsamen Gewohnheiten abzubringen.

Über eines sollten Sie sich im klaren sein: Mit Strenge werden Sie nichts erreichen. Lautstarke Verbote und drastische Maßnahmen wie Schläge machen eine Katze nicht gefügig, sondern höchstens aggressiv. Der einzige Weg, sein Ziel zu erreichen, ist Konsequenz.

Wer seinen Stubentiger vom Tisch fernhalten und ihn dazu bringen will, die Krallen ausschließlich am Kratzbaum zu wetzen, braucht viel Geduld. Mit liebevoller Konsequenz läßt sich bei Katzen mehr erreichen als mit Strenge. Je früher die Erziehungsmaßnahmen beginnen, desto größer sind die Chancen auf Erfolg.

Und die erfordert viel Geduld. Je früher die Erziehungsversuche beginnen, desto größer sind die Chancen auf Erfolg.

Auch wenn die notwendige Konsequenz bei so einem niedlichen kleinen Wollknäuel oft schwerfällt, muß man standhaft nach der Devise handeln „Was einmal verboten wurde, bleibt immer verboten". Sonst sind alle Erziehungsmaßnahmen buchstäblich „für die Katz". Keine Katze wird einsehen, warum sie plötzlich nicht mehr auf den Tisch darf, auf dem sie wochen- oder gar monatelang stillschweigend geduldet wurde, um nur eins von vielen Beispielen zu nennen.

Wichtig ist natürlich, daß die ganze Familie mitzieht, einheitlich handelt und die gleiche Sprache spricht, wenn es darum geht, der Katze Grenzen zu setzen. Am besten einigen Sie sich auf ein kategorisches „Nein", das aber nicht mit dem Namen des Kätzchens gekoppelt werden darf. Den Namen nennen Sie nur, wenn Sie Ihr Kätzchen loben. Es versteht zwar die Bedeutung des Wortes „Nein" nicht, erkennt aber die Schwingungen und wird irgendwann begreifen, was damit gemeint ist.

Um beim Beispiel Tisch zu bleiben: Nehmen Sie das Kätzchen mit einem deutlichen „Nein" sofort herunter, und lenken Sie es durch ein Spielchen ab. Wenn Sie Glück haben, wird es irgendwann begreifen, daß es auf dem Tisch nichts zu suchen hat. Unser Kater Krümel hat es begriffen, was ihn jedoch nicht daran hindert, es immer wieder einmal zu versuchen – vorzugsweise während unserer Abwesenheit. Sobald jemand im Zimmer erscheint, räumt er meist freiwillig den Platz.

Schwieriger ist es, der Katze das Krallenwetzen an Polstern, Tapeten und Teppichen abzugewöhnen. Auch der schönste Kratzbaum ist keine Garantie dafür, daß die Einrichtung in Zukunft von Kratzspuren verschont

ERZIEHUNG „FÜR DIE KATZ"?

bleibt. Auch hier hilft nur Konsequenz. Tragen Sie das Kätzchen, sobald Sie es beim Kratzen erwischen, zum Kratzbaum, führen Sie seine Pfötchen über den Stamm und geben Sie ihm anschließend eine kleine Belohnung.

Wenn das kategorische „Nein" allein keinen Erfolg zeigt, ist auch mal ein vorsichtiger Nasenstüber, wie ihn das Kätzchen aus seinen Kindertagen kennt, erlaubt. Oder klatschen Sie nicht zu laut in die Hände. Eine andere Methode ist ein leichter Klaps mit der Zeitung, während das vielfach praktizierte Spritzen mit der Wasserpistole von den meisten Katzenfreunden als bereits zu rabiat abgelehnt wird. Katzen sind sensible Wesen und entziehen dem Menschen schnell das Vertrauen, wenn sie sich verletzt fühlen.

Problemlos ist es fast immer, Kätzchen zur Stubenreinheit zu erziehen. Setzen Sie es ruhig und konsequent nach jeder Mahlzeit ins Katzenklo, und machen Sie mit seinen Vorderpfötchen scharrende Bewegungen. Das gleiche gilt, wenn es sich irgendwo niederläßt, um sein „Geschäft" zu machen. Nach einer erfolgreichen „Sitzung" hat die Katze natürlich Lob und Streicheleinheiten verdient. Stoßen Sie das Kätzchen unter keinen Umständen mit der Nase in den See oder das Häufchen, wenn es mal nicht geklappt hat. Da Katzen von Natur aus auf Reinlichkeit bedacht sind, begreifen sie meist sehr schnell, was es mit dem „Örtchen" auf sich hat.

Da Katzen intelligent und von Natur aus sehr neugierig sind, kann man ihnen auch durchaus beibringen, wie man beispielsweise eine Tür öffnet. Das kann manchmal von Vorteil sein. Bedenken Sie aber, daß es dann keinen Tabubereich mehr in Ihren vier Wänden gibt und sich die Fähigkeit der Katze nicht unbedingt nur auf Türklin-

Nur selten von Erfolg gekrönt ist der Versuch, die Katze wie einen Hund an der Leine zu führen. Wer sich dieser Geduldsprobe stellen will, muß sehr früh beginnen und seinen Stubentiger zunächst ganz vorsichtig an das Halsband gewöhnen. Den geringsten Widerstand leisten Siamkatzen.

ken beschränkt. So mancher Katzenfreund mußte morgens feststellen, daß sein vierbeiniger Hausgenosse den Inhalt des Kühlschranks geplündert hatte.

Weniger erfolgversprechend ist der Versuch, die Katze an Halsband und Leine zu gewöhnen. Da müssen Sie sich mit viel Geduld wappnen. Legen Sie ihr zunächst immer mal wieder für einige Minuten ein Gummiband um den Hals. Wenn sie keinen Versuch mehr macht, es sofort abzustreifen, können Sie das Gummiband gegen ein Lederhalsband austauschen. Behalten Sie die Katze aber im Auge, und nehmen Sie es immer möglichst schnell wieder ab. Unbeaufsichtigt dürfen Sie die Katze erst mit Halsband herumlaufen lassen, wenn sie sich nicht mehr dagegen sträubt. Achten Sie darauf, daß das Halsband weder zu eng noch zu weit sitzt, da sonst die Verletzungsgefahr zu groß ist.

Ungefährlicher ist ein Brustgeschirr, das allerdings von den meisten Katzen noch weniger akzeptiert wird. Überlassen Sie der Katze die Leine zunächst als Spielzeug, und machen Sie erst dann den Versuch, sie am Halsband bzw. Geschirr zu befestigen. Vielleicht haben Sie ja Glück, daß die Katze sich eines Tages tatsächlich an die Leine nehmen läßt. Offen ist dann aber immer noch, wer mit wem geht. Vermutlich wird es Ihre Katze sein, die die Richtung bestimmt.

WIE MAN SICH ANEINANDER GEWÖHNT

Verhaltensprobleme

Die Katze ist ein Gewohnheitstier. Sie braucht ihre Ordnung, ihren geregelten Tagesablauf. Ändert sich plötzlich ihr Verhalten, ist der Grund fast immer in einer Veränderung ihrer Umwelt zu suchen. Wenn es gelingt, die Ursache zu finden und die alte Ordnung wieder herzustellen, sind die Probleme oft schnell behoben.

Katzen registrieren auch kleinste, für Menschen oft bedeutungslose Veränderungen wie ein Seismograph. Das kann ein umgestelltes oder neues Möbelstück sein, aber auch eine veränderte Stimmungslage im häuslichen Umfeld. Die Reaktionen reichen von plötzlicher Unsauberkeit und Apathie bis zu Aggressivität.

Da Verhaltensänderungen auch gesundheitliche Ursachen haben können, sollten Sie zunächst den Tierarzt aufsuchen. Ist die Katze körperlich gesund, müssen Sie systematisch das Umfeld der Katze durchforsten und auch Ihr eigenes Verhalten der Katze gegenüber einer Prüfung unterziehen. Oft handelt es sich nämlich ganz einfach um eine Protestreaktion. Die Katze will Ihnen zeigen, daß sie unzufrieden ist, sich vernachlässigt fühlt oder langweilt, weil Sie ihr weniger Zeit zum Schmusen und Spielen widmeten.

Läßt sich die Situation nicht ändern, weil Sie aus beruflichen oder privaten Gründen viel unterwegs sind, kann eine zweite Katze als Spielgefährte die Lösung sein. Unter Langeweile leidet auch eine Katze, die es bisher gewohnt war, im Freien herumzustrolchen und plötzlich auf die vier Wände angewiesen ist.

Eine für sensible Katzen immer kritische Konfliktsituation entsteht, wenn ein Familienmitglied die häusliche Gemeinschaft verläßt oder neu hinzukommt. In dieser Situation muß man der Katze besonders viel Liebe und Aufmerksamkeit entgegenbringen, wenn man Verhaltensstörungen vermeiden bzw. beheben will.

Reagiert Ihre bisher friedliche Katze plötzlich aggressiv oder meidet sie ganz offensichtlich Ihre Nähe, sollten Sie überlegen, ob Sie das Tier eventuell – bewußt oder unbewußt – tief verletzt haben. Da gilt es dann, das Vertrauen der Katze ganz allmählich wiederzugewinnen. Das erfordert viel Geduld, da die Frustration oft sehr tief sitzt.

Die häufigste Reaktion auf Veränderungen und Konfliktsituationen ist plötzlich auftretende Unsauberkeit. Manchmal liegt die Ursache ganz einfach nur an der Katzentoilette selbst. Ist sie neu, steht sie an anderer Stelle oder zu nah am Futterplatz, ist sie zu klein, nicht sauber genug oder haben Sie vielleicht lediglich eine andere Streu verwendet bzw. die Toilette mit einem anderen Putzmittel ausgewaschen? Wenn eine dieser Möglichkeiten zutrifft, läßt sich relativ einfach Abhilfe schaffen, indem Sie den alten Zustand wieder herstellen.

Oder teilt ein neuer vierbeiniger Hausgenosse – Katze oder Hund – die häusliche Gemeinschaft? In einer solchen Situation passiert es häufig, daß die bisher stubenreine Katze die Toilette meidet und stattdessen den Teppich oder auch das Bett wählt. Sie verteidigt ihr Revier und drückt damit ihren Protest aus. Manchmal ist es schlichtweg aber auch nur Angst vor dem Rivalen. Auch in einem solchen Fall sind viel Liebe und Aufmerksamkeit die beste Therapie. Haben sich die Tiere aneinander gewöhnt, wird die Katze auch wieder ihre Toilette benutzen.

Ausgesprochen aggressiv kann eine zuvor friedliche Katze reagieren, wenn sie ihr Heim plötzlich mit einem Hund teilen muß.

VERHALTENSPROBLEME

Da Unsauberkeit bei einer bisher stubenreinen Katze fast immer tiefere Ursachen hat, sollten Sie unter keinen Umständen mit ihr schimpfen, sondern den Fleck stillschweigend, aber sorgfältig auswaschen. Da sie mit großer Wahrscheinlichkeit immer die gleiche Stelle wählen wird, ist es notwendig, den Geruch zu neutralisieren. Dafür ist am besten Essigwasser geeignet, da es für die empfindliche Katzennase ausgesprochen unangenehm riecht.

Plötzlich auftretende Verhaltensprobleme bei Katzen sollte man nie auf die leichte Schulter nehmen. In Einzelfällen kann es zwar sein, daß die Veranlagung in ihnen steckt, doch handelt es sich in den meisten Fällen um Alarmsignale. Meist ist der Mensch direkt oder indirekt der Auslöser für die Situation, die eine Katze in Konflikte mit ihrer Umwelt bringt.

Während seiner jahrzehntelangen Verhaltensstudien kam der Wiener Tierarzt und Tierpsychologe Ferdinand Brunner zu dem Ergebnis, daß die meisten Katzen mit ihrem Leben sehr zufrieden sind und sich ausgesprochen wohlfühlen. Sein Fazit: „Neurotiker sind unter ihnen prozentual seltener anzutreffen als unter ihren Besitzern."

Wenn alles seine gewohnte Ordnung hat, ist die Katze rundum zufrieden. Veränderungen bringen sie leicht aus dem Gleichgewicht.

DIE SPEISEKARTE DER KATZE

Katzen sind keine Müllschlucker

Bei der vom Tierschutzgesetz verlangten artgerechten Haltung spielt die Ernährung der Katze eine ganz entscheidende Rolle. Wer sie mit Resten der menschlichen Nahrung füttert, verstößt gegen dieses Gesetz und setzt die Gesundheit des Tieres aufs Spiel. Was dem Menschen schmeckt, macht die Katze dick und krank.

Abgesehen davon, daß geräucherte und stark gewürzte Speisen Gift für jeden Katzenmagen sind, entspricht die Zusammensetzung der menschlichen Nahrung in keiner Weise den Bedürfnissen der Tiere. Schließlich sind unsere Stubentiger als Mäusefänger keine Fleisch-, sondern Beutetierfresser. Sie verspeisen ihre Beute

Auch wenn wir unserer Katze keine Mäuse vorsetzen wollen bzw. können – selbst wildernde Katzen finden nicht genug, um ihren Hunger zu stillen – sollte die Ernährung doch weitgehend der Zusammensetzung einer Maus entsprechen. Dieses Ziel ist mit Resten menschlicher Nahrung nie zu erreichen.

Fehlt es an lebensnotwendigen Stoffen wie Eiweiß, Fett, Kohlenhydraten, Vitaminen und Mineralstoffen, kommt

Katzen verspeisen ihre Beute mit Haut und Haaren. Daher sollte auch die Ernährung der Stubentiger weitgehend der Zusammensetzung einer Maus entsprechen.

mit Haut und Haaren, fressen also nicht nur das Fleisch, sondern auch den meist pflanzlichen Mageninhalt sowie den Darm mit seinem Speisebrei und den darin enthaltenen Kohlenhydraten.

es zwangsläufig zu Mangelerscheinungen. Die Folgen sind nicht nur struppiges und glanzloses Fell, sondern auch Verdauungsstörungen und schwere Krankheiten, die sogar zum Tode des Tieres führen können.

Abwechslungsreiches Katzenmenü

Katzen sind im Gegensatz zu Hunden keine Vielfresser, sondern Feinschmecker. Allerdings ist längst nicht alles, was der Stubentiger gern frißt, auch gesund. Wichtig ist, daß die Nahrung alle lebensnotwendigen Nähr- und Aufbaustoffe in einem ausgewogenen Verhältnis enthält.

Die ideale Katzennahrung besteht zu zwei Dritteln aus Fleisch oder Fisch und zu einem Drittel aus Getreideprodukten. Sie liefern die für die Verdauung notwendigen Ballaststoffe. Wird die Katze ausschließlich mit Fleisch gefüttert, kann es zu Erkrankungen des Skeletts kommen, da Fleisch zu wenig Kalzium enthält. Einen besonders hohen Bedarf an Kalzium, das für das Wachstum und den Knochenbau wichtig ist, haben junge Kätzchen.

Je abwechslungsreicher das Katzenmenü ist, desto geringer ist die Gefahr, daß es zu Mangelerscheinungen kommt. Zu berücksichtigen ist der enorm hohe Bedarf an Eiweiß (Protein), der wesentlich höher liegt als beim Menschen und beim Hund. Lebensnotwendig für Katzen ist vor allem die nur in tierischem Eiweiß vorkommende Aminosäure Taurin, die vom Katzenorganismus nicht selbst hergestellt werden kann und daher unbedingt in ausreichender Menge in der Nahrung enthalten sein muß. Ein Mangel an Taurin kann zur Erblindung führen.

Eine wichtige Rolle in der Katzenernährung spielt auch Fett. Es dient als Energiequelle und ermöglicht es der Katze, die nur in Fett löslichen lebensnotwendigen Vitamine A, D, E und K aufzunehmen. Geben Sie der Katze keinesfalls ranziges Fett, da es die Vitamine zerstört. Außerdem benötigen Katzen die nur in tierischen Fetten vorhandene essentielle Arachidonsäure sowie die für den Stoffwechsel wichtige Linolsäure.

Die in Brot, Reis, Haferflocken und Teigwaren enthaltenen Kohlenhydrate sind für Katzen nicht unbedingt lebensnotwendig, da sie den im Stoffwechsel benötigten Traubenzucker auch aus anderen Stoffen im Körper

Ein abwechslungsreiches Katzenmenü ist die beste Garantie für die Gesundheit der Samtpfötchen. Junge Kätzchen benötigen viel Kalzium.

DIE SPEISEKARTE DER KATZE

bilden können. Kohlenhydrate sollten daher nur in kleinen Portionen als zusätzlicher Energiespender unter das Futter gemischt werden.

Die Zubereitung eines in jeder Hinsicht ausgewogenen Katzenmenüs erfordert viel Erfahrung. Für den Laien ist es meist schwer zu beurteilen, ob es tatsächlich alle notwendigen Mineralstoffe, Vitamine und Spurenelemente in der richtigen Dosierung enthält.

Futter aus der Dose

Die einfachste und sicherste Lösung ist Fertignahrung, die es in den verschiedensten Geschmacksvariationen gibt. Für einen abwechslungsreichen Speiseplan ist also gesorgt. Da Fertigfutter alle Anforderungen erfüllt, die an die Ernährung einer Katze gestellt werden, brauchen Sie keine Mangelerscheinungen zu befürchten. Das Tier

bekommt alle Nähr- und Aufbaustoffe, die für seine Gesundheit notwendig sind.

Bei Fertignahrung unterscheidet man zwischen Feucht- und Trockennahrung. Die in Dosen bzw. Schalen angebotene Feuchtnahrung deckt den größten Teil des Flüssigkeitsbedarfs einer Katze. Dem in der Zusammensetzung vergleichbaren Trockenfutter hingegen ist das Wasser bis auf etwa zehn Prozent entzogen. Es ist daher wesentlich konzentrierter und energiereicher. Ganz wichtig ist, daß die Katze entsprechend viel Flüssigkeit zu sich nimmt. Sie müssen genau beobachten, wieviel die Katze trinkt. Stellen Sie fest, daß ihr Durst sich in Grenzen hält, sollten Sie nicht ausschließlich Trockenfutter verwenden. Geben Sie es der Katze dann abwechselnd mit Feuchtnahrung bzw. nur als Knabberei. Gehen Sie aber sparsam mit diesen energiereichen Leckerbissen um, wenn Sie Ihrer Katze eine Abmagerungsdiät ersparen wollen.

Während Feuchtnahrung viel Flüssigkeit enthält, muß man bei Trockennahrung darauf achten, daß die Katze viel trinkt.

Frisch auf den Tisch

Wenn Sie Ihre Katze nicht ausschließlich oder gar nicht aus der Dose bzw. Packung ernähren, sondern ihr ein Menü aus der eigenen Küche servieren wollen, müssen Sie die Zutaten immer frisch zubereiten. Außerdem sollten Sie unbedingt folgende für die Gesundheit der Katze wichtigen Voraussetzungen beachten.

Auch wenn Ihr Stubentiger Fleisch lieber roh mag – gekocht ist es gesünder. Speziell bei roh verfüttertem Schweinefleisch, Innereien und manchmal auch bei Rindfleisch besteht die Gefahr, daß es den Erreger der Aujeszkyschen Krankheit enthält. Dabei handelt es sich um eine tollwutähnliche Erkrankung, die immer tödlich verläuft.

Außerdem kann rohes Fleisch die für Menschen gefährlichen Erreger der Toxoplasmose enthalten. Kommen Schwangere mit ihnen in Berührung, sind Schädigungen des Ungeborenen nicht auszuschließen. Für erwachsene Katzen sind diese Erreger unschädlich, da sie mit dem Kot wieder ausgeschieden werden. Die Reinigung des Katzenklos sollten daher während der Schwangerschaft andere übernehmen.

Geflügel sollten Sie wegen der bestehenden Salmonellengefahr ebenfalls grundsätzlich kochen, bevor Sie es Ihrer Katze vorsetzen. Das gleiche gilt für Eier. Geben Sie Ihrer Katze auf keinen Fall Geflügelknochen. Sie können schwere innere Verletzungen zur Folge haben.

Gehen Sie recht sparsam mit Leber um. Katzen benötigen zwar das in der Leber enthaltene Vitamin A, aber durch ein Zuviel kann es zur Vitamin-A-Vergiftung kommen. Die Folge können Versteifungen der Gelenke und Deformationen der Knochen sein. Rohe Leber hat eine abführende, gekochte Leber eine stopfende Wirkung.

Katzen sind Feinschmecker. Doch ist längst nicht alles, was sie gern fressen, auch gesund. Wichtig ist, daß das „Menü" immer frisch zubereitet wird.

Fisch, der viel hochwertiges Eiweiß enthält, dürfen Sie Ihrer Katze nur sorgfältig entgrätet servieren. Er muß ebenfalls gekocht sein, da speziell rohe Süßwasserfische ein Ferment enthalten, das das für die Katze wichtige Vitamin B 1 (Thiamin) zerstört. Ein Mangel an Vitamin B 1, der sich durch Appetitlosigkeit, Erbrechen und Krämpfe bemerkbar macht, kann zum Tode führen. Auch Getreideprodukte und Gemüse, die unter das Fleisch bzw. den Fisch gemischt werden, müssen gekocht sein. Gemüse sollten Sie jedoch nur kurz überbrühen, damit die Vitamine erhalten bleiben.

DIE SPEISEKARTE DER KATZE

Milch oder Wasser?

Wer es gut mit Katzen meint, wird ihnen kein Schälchen mit frischer Milch hinstellen, sondern nur klares Wasser. Milch ist zwar gesund und reich an Kalzium, aber für Katzen ungeeignet. Sie löscht nämlich weder den Durst noch ist sie gut für den Katzenmagen. Die meisten erwachsenen Tiere bekommen durch den in Kuhmilch enthaltenen Milchzucker (Lactose) Durchfall.

Das einzige Getränk für Katzen ist Wasser. Es sollte immer in einem sauberen Schälchen frisch zur Verfügung stehen, auch wenn eine Katze, die mit Frischfutter oder Feuchtfutter aus der Dose ernährt wird, normalerweise nicht viel trinkt. Die in dem Futter enthaltene Feuchtigkeit deckt bereits den größten Teil des Flüssigkeitsbedarfs einer Katze.

Lediglich bei der Ernährung mit Trockenfutter müssen Sie darüber wachen, daß die Katze viel trinkt. Als Faustregel gilt, daß sie für jedes gefressene Gramm Trockenfutter das Dreifache an Wasser haben muß. Ein zu niedriger Wasserhaushalt führt schnell zu Stoffwechselstörungen.

Milch ist im übrigen kein Durstlöscher, sondern ein Nahrungsmittel. Wenn Ihre Katze gern Milch schleckt, dürfen Sie ihr hin und wieder mal eine ganz kleine, mit etwas Wasser verdünnte Portion hinstellen. Verwenden Sie aber statt Kuhmilch lieber Kondensmilch. Unverdünnte Kuhmilch sollten Sie ihr nur geben, wenn sie einmal unter Verstopfung leiden sollte. In diesem Falle bewährt sie sich als Hausmittel.

Milch ist ein Leckerbissen für die meisten Katzen, aber häufig schlecht für den Magen. Erlaubt ist vor allem für ausgewachsene Stubentiger nur ab und zu einmal eine kleine mit Wasser verdünnte Portion. Auch wenn sich der Durst der mit Frisch- oder Feuchtfutter aus der Dose ernährten Katze in Grenzen hält, sollte immer ein frisch gefüllter Wassernapf parat stehen.

Wieviel Futter darf es sein?

Katzen schlingen ihr Futter nicht herunter, sondern lassen sich viel Zeit. Sie genießen und sind sehr wählerisch. Was sie gestern noch mit Begeisterung fraßen, schieben sie möglicherweise schon morgen voller Verachtung beiseite. Die Gefahr, daß sie mehr fressen, als ihrem Magen und ihrer Linie bekommt, ist wesentlich geringer als bei Hunden. Langeweile und Frust können jedoch auch aus einem Stubentiger einen Vielfraß machen, der dann irgendwann mit Gewichtsproblemen zu kämpfen hat.

Wieviel Nahrung eine Katze benötigt, hängt von ihrem Alter, ihren Aktivitäten, ihrer Umgebung und auch von der Rasse ab. Normalerweise brauchen Katzen, die ausschließlich in der Wohnung leben, weniger Futter als Auslaufkatzen, da sie weniger Energie verbrauchen. Einen größeren Energiebedarf haben sehr schlanke Tiere mit wenig Fell wie beispielsweise die Rex- und die nackten Sphinx-Katzen. Auf diese Weise wird der Wärmehaushalt ausgeglichen.

Servieren Sie der Katze das Futter nie direkt aus dem Kühlschrank. Es sollte immer zumindest Zimmertemperatur haben. Noch lieber mögen es Katzen, wenn es ihrer eigenen Körpertemperatur entspricht. Und die liegt bei ca. 38,5 Grad Celsius. Selbstverständlich müssen Napf und Futterstelle absolut sauber sein.

Frißt die Katze ihr Schälchen nicht leer, sollten Sie die Reste entfernen und die nächste Ration etwas kürzen. Zu kaltes und nicht mehr frisches Futter kann Durchfall verursachen. Abgesehen davon, daß Ihr Stubentiger altes Futter nicht anrühren wird, besteht speziell im Sommer immer die Gefahr, daß sich in Nahrungsresten Bakterien ansiedeln.

Vermutlich wird Ihr Stubentiger längst nicht alles fressen, was Sie ihm vorsetzen. Auch wenn Sie das Menü mit Liebe zubereitet haben, müssen Sie ab und zu damit rechnen, daß Ihre Katze es im wahrsten Sinne des Wortes nicht riechen kann und selbst dann verschmäht, wenn der Hunger sie plagt. Vermutlich wird sie so lange in unterschiedlichen Nuancen miauend um Sie herumschleichen, bis Sie ihr den Wunsch nach einem anderen Menü erfüllen.

Und vergessen Sie nicht: Ihre Katze erwartet Pünktlichkeit. Stellen Sie ihr das Futter möglichst immer zur gleichen Zeit hin – am besten, bevor sich die Familie an den Tisch setzt. Eine satte Katzen wird nicht so leicht dazu verleitet, am Tisch zu betteln. Wenn sie es dennoch tut, sollten Sie und auch Ihre Gäste konsequent bleiben und niemals eine Ausnahme machen.

Da junge Kätzchen einen sehr kleinen Magen haben, brauchen sie je nach Alter und körperlicher Verfassung bis zu sechs kleine Mahlzeiten pro Tag, sobald sie der Mutterbrust entwachsen sind. Das ist nach etwa sechs Wochen der Fall. Allerdings reicht die Milch häufig schon nach drei Wochen nicht mehr aus. Wenn die Jungen nach dem Säugen unruhig sind, muß zugefüttert werden.

Zu beachten ist, daß junge Katzen einen besonders hohen Energiebedarf haben und viel Kalzium benötigen, da sie sehr schnell wachsen. In den ersten vier Wochen nehmen sie um das Vierfache zu. Der tägliche Energiebedarf eines sechs bis acht Wochen alten Kätzchens liegt bei ca. 630 Kilojoule. Mit zunehmendem Alter nimmt der Energiebedarf ab. Wenn das Kätzchen neun bis zwölf Wochen alt ist, reichen bereits fünf Mahlzeiten. Ganz allmählich können Sie die Zahl der Mahlzeiten dann weiter reduzieren.

Mit etwa neun Monaten ist die Katze erwachsen. Dann braucht sie täglich

Katzen schlingen nicht gierig ihr Futter herunter, sondern genießen. Mehrere kleine Mahlzeiten sind ihnen lieber und gesünder als eine große. Bleiben Reste im Napf, wird die nächste Ration gekürzt. Wieviel Nahrung eine Katze benötigt, hängt von ihrem Alter, ihrem Temperament und auch von der Rasse ab.

DIE SPEISEKARTE DER KATZE

nur noch zwei Mahlzeiten – eine morgens und eine abends. Langhaarige Schmusekatzen, die sich wenig bewegen, kommen manchmal sogar mit einer Mahlzeit aus. Da mehrere kleine Mahlzeiten jedoch gesünder und den meisten Katzen auch lieber sind als eine große, sollten Sie die Futtermenge über den Tag verteilen. Im Durchschnitt liegt der tägliche Energiebedarf einer ausgewachsenen Katze bei ca. 300 bis 350 Kilojoule pro Kilo Körpergewicht.

Einen erhöhten Energiebedarf haben trächtige und säugende Katzen. Bei einer trächtigen Katze, die vor allem viel Eiweiß benötigt, sollte die Futtermenge allmählich erhöht und auf fünf Mahlzeiten verteilt werden. Die säugende Katzenmutter benötigt je nach Zahl der Jungen die doppelte bis dreifache Portion einer normalen Katze.

Wenn Ihre Katze besonders verschmust ist und nichts Schöneres kennt, als irgendwo gemütlich zu kuscheln und zu dösen, sollten Sie ab und an mal mit ihr auf die Waage steigen. Übergewicht macht nämlich Menschen wie Katzen nicht nur dick, sondern auch krank. Außerdem verkürzt es die Lebenserwartung. Wenn Sie also feststellen, daß Ihr Schmusekätzchen zugenommen hat, sollten Sie die tägliche Futterration seiner Gesundheit zuliebe vorübergehend reduzieren.

Wenn Sie Ihrer bisher noch normalgewichtigen Katze diese – zumindest an den ersten Tagen – für beide Seiten

Solange die Katzenmutter ihre Jungen ernährt, braucht sie die doppelte bis dreifache Futterration, damit alle satt werden.

nervenaufreibende Konsequenz ersparen wollen, sollten Sie Leckerbissen auf ein Minimum beschränken und bei der täglichen Futterration berücksichtigen. Auf keinen Fall darf ihre Naschkatze Süßes bekommen, da es nicht nur dick macht, sondern auch den Zähnen schadet.

Was Katzen als Leckerbissen und Belohnung schätzen, ist individuell sehr verschieden. Es sind nämlich durchaus nicht immer nur Sardinen, Krabben, Lachs oder Schlagsahne. Es gibt Katzen, die eine ausgesprochene Vorliebe für Spargelspitzen, Erbsen, Möhrchen oder Oliven haben. Irgendwann wird Ihre Naschkatze Ihnen ganz sicher zeigen, was sie am liebsten frißt. Daß unser Krümel leidenschaftlich gern Champignons aus dem Glas mag, merkten wir erst, als auf dem für das Fondue gedeckten Tisch plötzlich eine halbleere Schale stand.

GEPFLEGT VOM KOPF BIS ZU DEN PFOTEN

Katzenwäsche

Katzen ist die Reinlichkeit in die Wiege gelegt. Noch bevor sie laufen können, putzen sie sich. Wie Verhaltensforscher feststellten, widmet eine Katze ihrer Körperpflege durchschnittlich drei Stunden und vierzig Minuten pro Tag. Mit der unter Menschen geläufigen Redewendung von der Katzenwäsche kann also eigentlich nur der Verzicht auf Wasser und Seife gemeint sein und nicht die Zeit, die auf die Pflege verwendet wird.

Das Putzen gehört zum täglichen Ritual einer jeden Katze vom Babyalter bis zum Lebensende. Gleich nach der Geburt wird sie von ihrer Mutter geleckt und geputzt, bis sie blitzblank sauber ist. Eine Katze, die sich nicht putzt, ist krank. Katzen brauchen für die Pflege ihres Körpers weder Wasser noch Seife, sondern nur ihre Zunge. Wie rauh sie ist, haben Sie möglicherweise selbst schon gespürt, wenn Ihre Schmusekatze an Ihrer Hand leckt.

An der Oberfläche mit vielen kleinen Hornplättchen (Papillen) bedeckt, gleicht die Katzenzunge einer Raspel. Sie bewährt sich nicht nur beim Fressen, sondern vor allem bei der Fellpflege. Mit dieser weit herausstreckbaren Raspelzunge und etwas Speichel gelingt es der Katze, immer sauber und gepflegt zu sein. Nach dem Fressen reinigt sie ihre Pfötchen und mit ihnen dann auch Gesicht und Schnurrhaare – ein wahres Vorbild an Reinlichkeit für jedes Menschenkind. Keine Diva dieser Welt widmet ihrer Schönheit soviel Zeit und Sorgfalt wie eine Katze.

Mit Kamm und Bürste

Auch wenn die Fellpflege im Prinzip Katzensache ist, freut sich fast jeder Stubentiger über Streicheleinheiten mit Kamm und Bürste. Beim Fellwechsel im Frühjahr und Herbst sollten Sie ihn täglich bürsten, ansonsten zweimal wöchentlich. Bei langhaarigen Katze ist tägliches Bürsten und Kämmen zu jeder Jahreszeit eine Pflicht, der man sich nicht entziehen darf. Während kurzhaarige Hauskatzen mit ihrer Fellpflege ganz gut allein zurechtkommen, sind Katzen mit längeren oder gar sehr langen Haaren auf die Mithilfe des Menschen unbedingt angewiesen. Mit Raspelzunge, Pfötchen und Speichel allein wird es ihnen nicht gelingen, das lange Fell vor dem Verfilzen zu bewahren. Ist es erst einmal verfilzt, kann man es kaum noch entwirren.

Hinzu kommt, daß langhaarige Katzen das ganze Jahr über haaren und bei der täglichen Katzenwäsche entsprechend viele Haare verschlukken. Je mehr lose Haare Sie beim Kämmen und Bürsten entfernen, desto geringer ist die Gefahr, daß die unverdaulichen Haarballen (Bezoare) in den Darm gelangen, weil es der Katze nicht gelingt, sie rechtzeitig herauszuwürgen.

Die gleiche Gefahr besteht bei Kurzhaarkatzen, wenn sie im Frühjahr und Herbst ihr Fell wechseln. Stellen Sie daher immer genügend Gras bereit, da es den Brechreiz fördert. Außerdem sollten Sie Ihrer Katze während des Fellwechsels ab und zu etwas Butter oder Pflanzenöl geben. Das schmeckt den Katzen und soll dazu beitragen, die Bildung von Bezoaren zu verhindern.

Fast vier Stunden widmet die Katze täglich ihrer Körperpflege. Mit ihrer langen Raspelzunge und etwas Speichel säubert sie sich gründlich vom Kopf bis zu den Pfötchen.

MIT KAMM UND BÜRSTE

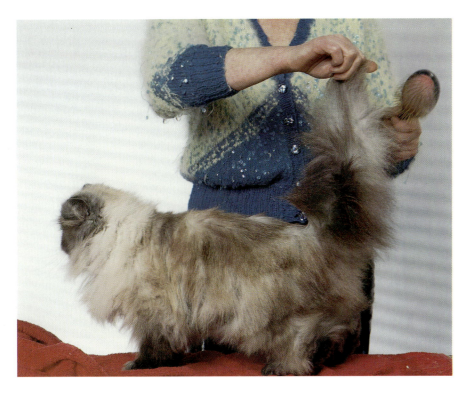

Langhaarige Katzen müssen täglich vom Hals bis zur Schwanzspitze gekämmt und gebürstet werden, damit das Fell nicht verfilzt. Zu den kritischen Stellen gehören der Bauch und die Partien zwischen den Vorder- und Hinterpfoten.

Die meisten Katzen drehen sich wohlig schnurrend von der einen auf die andere Seite und genießen es sichtlich, wenn der Mensch ihr Fell kämmt und bürstet. Sobald unser Krümel die Tür klappen hört, hinter der Kamm und Bürste verborgen sind, springt er voller Vorfreude in die Badewanne bzw. im Sommer auf den Balkonstuhl. Er bestimmt, in welcher Reihenfolge und wie lange sein Fell gebürstet wird.

Für die Fellpflege Ihrer Kurzhaarkatze benötigen Sie lediglich einen feinzinkigen Metallkamm und eine Bürste mit – je nach Fellbeschaffenheit – weichen bis festen Borsten. Wenn Sie das Fell Ihrer Katze nach dem Kämmen und Bürsten mit sanftem Druck in Wuchsrichtung streicheln, werden auch die letzten losen Haare entfernt. Einen besonders schönen Glanz bekommt das Fell, wenn Sie es zum Abschluß noch mit einem feuchten Lederlappen, Samt oder Seide polieren. Katzen mit sehr kurzem und feinem Fell, wie es beispielsweise die Rex-Katze hat, werden gar nicht gekämmt und gebürstet, sondern nur mit einem feuchten Tuch poliert.

Hat Ihre Katze freien Auslauf, sollten Sie beim Kämmen auf Ungeziefer wie Flöhe achten. Sie nisten sich besonders gern in längerem Fell ein und sind nur bei ganz genauem Hinsehen zu entdecken. Für Ihre Langhaarkatze brauchen Sie neben dem feinzinkigen Staubkamm einen Kamm mit breiteren Zinken und eine Bürste mit längeren, festen Borsten.

Kämmen Sie das Fell zunächst mit dem breit-, dann mit dem feinzinkigen Kamm. Achten Sie dabei vor allem auf den Bauch und die Partien zwischen den Vorder- und Hinterpfoten, da diese Stellen besonders leicht verfilzen. Wichtig ist, daß der Kamm nicht nur das Oberfell berührt, sondern auch das Unterfell erfaßt. Bei Verfilzungen, die sich nicht entwirren lassen, hilft nur das Herausschneiden. Benutzen Sie dazu aber nur eine Schere mit abgerundeten Spitzen. Zum Schluß wird das Fell sorgfältig vom Hals bis zur Schwanzspitze durchgebürstet.

Kämmen und bürsten Sie Ihre Langhaarkatze auch mal gegen den Strich, damit „frische Luft" an das Unterfell kommt. Besonders duftig wirkt das Fell, wenn Sie es ab und zu mit Talkumpuder behandeln: gegen den Strich kämmen, etwas Puder aufstreuen und anschließend gut ausbürsten. Diese Behandlung ist jedoch nur bei Katzen mit heller Fellfarbe empfehlenswert, da sie auf dunklem Fell einen Grauschleier hinterläßt.

Mit regelmäßigem Kämmen und Bürsten tun Sie nicht nur Ihrer Katze, sondern auch sich selbst einen Gefallen: Der Vierbeiner bekommt zusätzliche Streicheleinheiten und muß nicht so viele Haarballen herauswürgen und Sie selbst ersparen sich Ärger und Arbeit, die durch die lästigen Katzenhaare auf Kleidung, Polstermöbeln und Teppichen verursacht wird.

Die meisten Katzen genießen das Bürsten wie Streicheleinheiten. Es erspart ihnen zugleich das lästige Herauswürgen der beim Putzen verschluckten Haare.

GEPFLEGT VOM KOPF BIS ZU DEN PFOTEN

Augen und Ohren

Zu den kritischen Punkten gehören speziell bei einigen Rassen die Augen und Ohren. Hier ist es die Aufgabe des Menschen, sie regelmäßig zu kontrollieren, damit Erkrankungen frühzeitig erkannt und behandelt werden können.

Die Augen einer gesunden Katze sind klar und strahlend. Ein getrübter Blick ist immer ein Anzeichen für eine Erkrankung. „Schlaf", den auch Katzen morgens manchmal in den inneren Augenwinkeln haben, entfernen Sie vorsichtig mit einem feuchten, nicht fusselnden Tuch. Befeuchten Sie es mit lauwarmem Wasser, Kamillentee oder Borwasser.

Besonders wichtig ist die Augenpflege bei Perserkatzen, da sie häufig unter tränenden Augen leiden. Ur-

sache sind die durch die kurze Nase verengten oder gar verstopften Tränenkanäle. Bei sehr starkem Tränenfluß und Augenentzündungen sollten Sie unbedingt mit dem Tierarzt sprechen.

Ihre Ohren kann die Katze selbst nur schwer säubern. Gehört eine zwei-

Besonders bei Perserkatzen ist die Augenpflege wichtig. Ohren und Zähne sollte man bei allen Katzen einer regelmäßigen Kontrolle unterziehen, damit Erkrankungen frühzeitig erkannt werden.

te Katze zur Familie, werden sie gegenseitig für die Ohrpflege sorgen. Dennoch sollten auch Sie regelmäßig einen Blick hineinwerfen und die äußere Ohrmuschel gelegentlich mit einem feuchten, ebenfalls fusselfreien Tuch vorsichtig auswischen. Gehen Sie aber nicht zu tief hinein und verwenden Sie keine Wattestäbchen, da Sie dann leicht das empfindliche Innenohr verletzen.

Wenn Ihre Katze sich häufig kratzt oder die Ohren anlegt und dunkles Ohrenschmalz erkennbar ist, sollten Sie vom Tierarzt kontrollieren lassen, ob sie eventuell Ohrmilben hat. Ohrmilben müssen unbedingt behandelt werden, damit sie nicht zur Räude führen.

Gesunde Zähne

Wichtig für das Gebiß der Katze ist eine gesunde Ernährung, bei der die Zähne zum Einsatz kommen. Das Futter soll so serviert werden, daß die Katze beißen, reißen und kauen muß.

Mit etwa sechs Monaten verlieren Kätzchen ihre 26 Milchzähne. Das Gebiß der erwachsenen Katze hat 30 Zähne. Damit sie gesund bleiben, sollten Sie Fleisch nie zu klein schneiden und ihr neben Frisch- bzw. Feuchtfutter aus der Dose auch zumindest ab und zu Trockenfutter geben. Je härter das Futter ist, desto gesünder sind die Zähne. Bekommt die Katze zu wenig feste Nahrung, können die Zähne sich lockern oder sogar ausfallen.

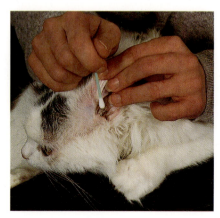
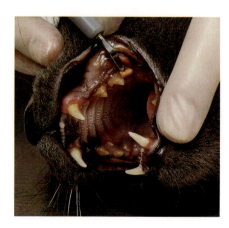

Lassen Sie bei jedem Impftermin das Gebiß Ihrer Katze vom Tierarzt kontrollieren und eventuellen Zahnstein entfernen. Wenn Sie merken, daß Ihre Katze durchgedrehtes und breiiges Futter bevorzugt und nichts Hartes mehr frißt, können Zahnprobleme der Grund sein. Ein deutlicher Hinweis ist schlechter Mundgeruch. Oft ist Zahnstein der Grund. Wird er nicht entfernt, kann es zu Zahnfleischentzündungen und zu Zahnausfall kommen.

Ist der schlechte Zustand der Zähne auf Kalkmangel zurückzuführen, muß man regelmäßig Kalkpräparate unter das Futter mischen. Das ist jedoch nur der Fall, wenn die Zusammensetzung des Frischfutters nicht den notwendigen Bedarf an Kalzium deckt. Und denken Sie daran: Süßes ist auch für Katzenzähne Gift.

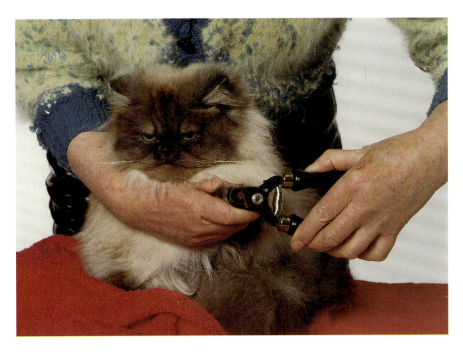

Krallenpflege

Um die Krallenpflege Ihrer Katze brauchen Sie sich normalerweise nicht zu kümmern. Die übernimmt sie selbst, sofern sie die Möglichkeit hat, draußen an Bäumen zu kratzen oder sie am Kratzbaum bzw. -brett zu wetzen. Zum Leidwesen ihres Menschen vergreift sie sich dabei manchmal auch an Polstermöbeln.

Die sichelförmigen Krallen der Katze sind ein vielseitiges Instrument: Sie sind nützlich als Waffe, als Halt beim Klettern und Springen sowie zum Festhalten von Beute und Futter. Beim Laufen und Schlafen werden die Krallen völlig eingezogen und beim „Treteln" rhythmisch ein- und ausgefahren. Die Krallen sind von einer Hornhaut umgeben sind, die sich mit der Zeit abnutzt. Beim Krallenwetzen streift die Katze diese unbrauchbare Hornhaut ab und sorgt damit dafür, daß die Waffe immer scharf ist. Ab und zu hilft sie mit den Zähnen nach.

Auch wenn Ihnen das Krallenwetzen ab und zu ein Dorn im Auge ist, sollten Sie diese Waffe nicht entschärfen, indem Sie zur Schere greifen. Mit

Katzen pflegen ihre Krallen selbst. Nur wenn sie zu lang sind, dürfen sie ganz vorsichtig mit einer Spezialzange gekürzt werden.

beschnittenen Krallen wird Ihr Stubentiger kratzen wie zuvor oder sogar noch mehr. Im übrigen wachsen sie ebenso schnell wieder nach wie unsere Fingernägel. Erlaubt ist das Beschneiden nur bei älteren Katzen, die ihre Krallen selbst nicht ausreichend wetzen und sie dann beim Laufen nicht mehr ganz einziehen können.

Stutzen Sie mit einer Nagel- bzw. Spezialzange nur die Spitzen der Krallen an den Vorderpfoten. Dazu nehmen Sie Ihren Stubentiger auf den Schoß und fassen das Pfötchen so an, daß die Krallen ausgefahren sind. Schneiden Sie dann ganz vorsichtig nur die äußerste transparente Spitze ab. Vorsicht: Dahinter liegen Nerven und Blutgefäße. Im Zweifelsfalle sollten Sie sich das Krallenschneiden vom Tierarzt zeigen lassen. Tierquälerei und bei uns verboten ist die in den USA häufig praktizierte Amputation der Krallen.

GEPFLEGT VOM KOPF BIS ZU DEN PFOTEN

Katzen und Wasser

Katzen sind keineswegs so wasserscheu, wie ihnen oft unterstellt wird. Allerdings hält sich ihre Begeisterung für Wasser in Grenzen. Eine ausgesprochene Wasserratte ist lediglich die Türkische Van-Katze, der man nachsagt, daß sie ausgesprochen gern badet und schwimmt. Ansonsten ist eine Katze, die freiwillig in die Wanne steigt, wohl eher die Ausnahme.

Normalerweise lieben Katzen Wasser nur tröpfchenweise. Wenn Sie sich über einen tropfenden Wasserkran ärgern, freut sich Ihr Stubentiger. Auf dem Beckenrand sitzend, versucht er

Tropfen für Tropfen mit den Pfötchen zu erhaschen. Wenn Sie Ihre Pflanzen gießen, wird er mit den Augen jedem Tropfen folgen und ebenso gern planscht er mit den Pfötchen in der randvoll mit Wasser gefüllten Gießkanne. Sollten Sie Ihre Katze jedoch mal baden müssen, brauchen Sie mindestens vier Hände, um die Flucht zu verhindern.

Gesunde Katzen kommen ihr Leben lang ohne Bad aus. Ersparen Sie also Ihrem Stubentiger und auch sich selbst diese Prozedur, wenn es nicht aus gesundheitlichen Gründen unbedingt notwendig ist. Das wiederum kann nur der Tierarzt beurteilen. Er wird Ihnen auch sagen, welches Shampoo am besten geeignet ist.

Füllen Sie Kinderbadewanne oder Spülbecken nur etwa zehn Zentimeter hoch mit lauwarmem Wasser (30 bis 38 Grad Celsius). Setzen Sie die Katze möglichst so hinein, daß sie sich eventuell mit den Vorderpfötchen abstützen kann. Feuchten Sie dann das Fell gut an und achten Sie darauf, daß kein Wasser in die Ohren kommt. Danach vorsichtig shampoonieren und anschließend alle Shampooreste sorgfältig abspülen, damit das Fell nicht klebrig wird. Nach dem Abtrocknen mit einem angewärmten Handtuch wird das Fell restlos trocken gefönt und dabei vorsichtig gekämmt.

Eine gelegentliche Wäsche braucht eventuell der sehr buschige Schwanz Ihrer Langhaarkatze, da die am Ansatz liegenden Talgdrüsen häufig viel Fett produzieren. Säubern Sie die Stelle vorsichtig mit einem milden Shampoo und spülen Sie alle Seifenreste sorgfältig aus. Anschließend abtrocknen, kämmen und bürsten. Wenn Ihr Stubentiger absolut kein Wasser mag, können Sie auch Kartoffelmehl oder einen entfettend wirkenden Spezialpuder bzw. eine Lotion verwenden: einige Zeit einwirken lassen und dann ausbürsten.

Katzen lieben Wasser nur tröpfchenweise. Ein Bad ist für die meisten eine Tortur, die man ihnen ersparen sollte. Eine ausgesprochene Wasserratte ist nur die Türkische Van-Katze.

DIE GESUNDHEIT

Beim Tierarzt

Bis heute ist sich der Volksmund nicht einig, ob Katzen sieben oder gar neun Leben haben. Tatsache hingegen ist, daß Katzen ausgesprochen robuste Tiere sind. Ihr Fell schützt sie weitgehend vor Verletzungen und wirkt gleichzeitig wärmeregulierend. Wenn Sie Ihren Stubentiger gesund ernähren und gut pflegen, werden Sie den Tierarzt nur aufsuchen müssen, wenn Impftermine anstehen. Die größten Chancen auf ein langes, gesundes Leben haben Wohnungskatzen – rosige Aussichten also für eine Partnerschaft von langer Dauer.

Vor Infektionskrankheiten allerdings sind selbst Katzen nicht gefeit, die ausschließlich in der Wohnung leben. Die Viren werden nämlich nicht nur von Tier zu Tier übertragen, sondern können auch von Menschen in die vier Wände eingeschleppt werden. Schutz vor Infektionskrankheiten, die häufig mit dem Tod enden, bieten nur rechtzeitige und regelmäßige Impfungen.

Am besten erkundigen Sie sich bereits nach einem Tierarzt in Ihrer Umgebung, bevor Sie das Kätzchen zu sich nehmen. Um sicher zu gehen, daß es wirklich rundum gesund ist, sollten Sie es auf jeden Fall auch dann dem Tierarzt vorstellen, wenn es bereits geimpft und kastriert ist. Das gilt für das Kätzchen aus dem Tierheim ebenso wie für die Rassekatze, die Sie bei einem Züchter gekauft haben.

Der Vorteil dieses ersten Tierarztbesuchs: Sie wissen, daß Ihrem Kätzchen nichts fehlt, und das Kätzchen hat die Bekanntschaft mit dem Arzt gemacht, ohne gepiesackt worden zu sein. Setzen Sie die Katze auf dem Weg bzw. der Fahrt auf jeden Fall in einen Transportkorb oder eine Kunststoffbox. Darin sollte sie auch im Wartezimmer bleiben, um eventuelle Ansteckungsgefahren zu vermeiden. Und begleiten Sie das Tier möglichst immer persönlich, damit Sie eventuelle Fragen des Tierarztes konkret beantworten können.

Wer seine Katze genau beobachtet und kennt, wird Krankheitsanzeichen, die den Besuch beim Tierarzt notwendig machen, schnell erkennen und sollte dann nicht lange zögern. Völlig normal und sogar wichtig ist das Herauswürgen der beim Putzen verschluckten Haare. Auch gelegentliches Spucken ist kein Anlaß zur Sorge. Hat die Katze mal Durchfall und sind keine anderen Anzeichen zu erkennen, kann zu kalte oder nicht mehr ganz frische Nahrung die Ursache sein.

Problematisch ist Durchfall, wenn er länger als einen Tag anhält und von Erbrechen sowie Appetitlosigkeit begleitet wird. Da Katzen schnell austrocknen, sollten Sie umgehend den Tierarzt aufsuchen. Auch plötzlich auftretender übermäßiger Durst sollte Sie hellhörig machen, da in der Regel nur kranke Katzen viel trinken. Neben Durchfall und Verstopfung sind stumpfes, struppiges und glanzloses Fell, Putz- und Spielunlust, apathisches oder extrem unruhiges Verhalten, wäßrige Augen und Lichtempfindlichkeit sowie auffälliges Kratzen und an-

Normal ist bei Katzen eine Körpertemperatur zwischen 38 Grad und 39 Grad Celsius. Zu niedrige oder hohe Temperatur deutet auf eine Erkrankung hin.

BEIM TIERARZT

haltendes Kopfschütteln typische Anzeichen für eine Erkrankung.

Schnellstens zum Tierarzt gehören Katzen, die hecheln, speicheln, oft niesen, wesentlich häufiger als sonst die Toilette benutzen und beim Urinieren klagende Laute von sich geben. Wer in solchen Fällen selbst an der Katze herumdoktert und ihr Medikamente aus der Hausapotheke einflößt, setzt das Leben seiner Katze aufs Spiel. Aspirin und ähnliche Arzneimittel sind für Katzen giftig und können schon in den kleinsten Mengen zum Tod führen. Gefährlich sind auch alle Medikamente wie zum Beispiel für Menschen harmlose Hustenmittel, die ätherische Öle enthalten. Wenn Sie dem Tier bereits Medikamente verabreicht haben, sollten Sie es dem Tierarzt nicht verschweigen.

in den After ein. Zeigt das Thermometer nach drei bis fünf Minuten weniger oder mehr als 38 bis 39 Grad Celsius, muß Ihr Stubentiger schnellstens zum Tierarzt.

Wenn Sie vermuten, daß Ihre Katze Würmer, Milben oder Flöhe hat, ist ebenfalls der Besuch beim Tierarzt fällig. Das gleiche gilt bei Anzeichen einer Vergiftung, stark tränenden oder gar vereiterten Augen sowie Zahnstein und Zahnfleischentzündungen. Äußere Verletzungen wie Knochenbrüche, Kratz- und Bißwunden heilen bei Katzen zwar normalerweise schnell, sollten aber dennoch unbedingt vom Tierarzt untersucht und behandelt werden, zumal sie oft auch mit inneren, zunächst nicht erkennbaren Verletzungen verbunden sind.

cher verhalten als in den eigenen vier Wänden, zweitens hat der Tierarzt in den Praxisräumen einen Behandlungstisch, besseres Licht, alle notwendigen Instrumente und seine Assistentin, und drittens wird Ihr Stubentiger die eventuell mit Schmerzen verbundene Behandlung schneller wieder vergessen.

Viele Tierärzte stellen heute Gesundheitspässe aus, die gleichzeitig als internationaler Impfpaß dienen. Er enthält alle Daten und Fakten der Krankheitsgeschichte Ihrer Katze wie beispielsweise das Ergebnis von Untersuchungen und Laborbefunden. Dieser Paß ist nützlich, wenn Sie mit dem Tier auf Reisen sind, umziehen und den Tierarzt wechseln. Nehmen Sie ihn bei jedem Tierarztbesuch mit, damit alle Angaben immer auf dem neuesten Stand sind.

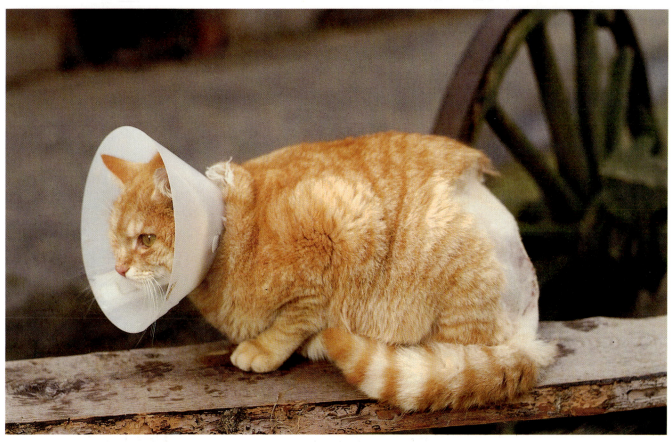

Haben Sie Krankheitsanzeichen an Ihrer Katze entdeckt, sollten Sie zunächst die Temperatur messen. Bestreichen Sie ein Rektal-Thermometer mit etwas Vaseline, und führen Sie es

Um den Hausbesuch des Tierarztes sollten Sie nur im äußersten Notfall bitten. Dafür gibt es mehrere Gründe. Erstens wird sich Ihre Katze in der Praxis des Tierarztes sehr viel friedli-

So einen Halskragen mögen Katzen ganz und gar nicht. Er ist jedoch notwendig, damit das Tier nicht an der Wunde leckt und kratzt und sie schneller heilt.

DIE GESUNDHEIT

Schutz durch Impfungen

Während durch Bakterien hervorgerufene Krankheiten mit Antibiotika behandelt werden können, enden Viruserkrankungen meist tödlich. Den einzigen wirksamen Schutz bieten Impfungen, die jedoch regelmäßig wiederholt werden müssen, da der Schutz nur eine gewisse Zeit vorhält.

Zu den fünf Virusinfektionen, gegen die Katzen geimpft werden müssen bzw. können, gehören die Katzenseuche, der Katzenschnupfen, die Katzenleukose, die Feline Infektiöse Peritonitis (FIP) und die Tollwut. Durch die Impfung wird die Katze immun. Sie baut einen spezifischen Schutz gegen die Erkrankung auf, gegen die sie geimpft ist.

Wenn Ihr Kätzchen älter als acht Wochen ist und aus einem Tierheim oder von einem Züchter stammt, wurde es bereits gegen Katzenseuche und Katzenschnupfen geimpft, teilweise auch gegen Leukose. Doch handelt es

Regelmäßige Impfungen sind der einzig wirksame Schutz vor Viruserkrankungen. Die erste Impfung gegen Katzenseuche und Katzenschnupfen erhalten Kätzchen im Alter von etwa acht Wochen.

sich dabei nur um die Grundimmunisierung. Wirksam ist der Impfschutz erst, wenn das Kätzchen nach vier Wochen ein weiteres Mal geimpft wird. Diese zweite Impfung kann dann mit der Impfung gegen Tollwut kombi-

SCHUTZ DURCH IMPFUNGEN

niert werden. Die Impfung gegen die Feline Infektiöse Peritonitis (FIP) erfolgt erst ab der 16. Lebenswoche durch Einträufelung von Tropfen in die Nase. Auch hier ist eine zweite Impfung nach etwa vier Wochen notwendig.

Die Impfung gegen Katzenschnupfen, Katzenleukose, FIP und Tollwut muß jährlich, die Impfung gegen Katzenseuche alle zwei Jahre wiederholt werden. Nur dann ist Ihre Katze dauerhaft vor diesen gefährlichen Virusinfektionen geschützt.

Gegen Katzenleukose und Tollwut müssen nur Katzen geimpft werden, die frei herumlaufen. Einige Tierärzte sind der Meinung, daß man in nicht tollwutgefährdeten Gebieten auf die Tollwutimpfung verzichten kann. Das erfordert allerdings, daß man sich regelmäßig beim Tierarzt oder Veterinäramt erkundigt und die Impfung nachholt, sobald in der Umgebung ein Tollwutfall bekannt wird.

Ganz wichtig ist der Impfschutz, wenn Sie mit Ihrer Katze ins Ausland reisen. Da sich die Vorschriften kurzfristig ändern können, sollten Sie sich rechtzeitig im Reisebüro, bei den Automobilclubs, den jeweiligen Konsulaten oder bei dem für Sie zuständigen Veterinäramt nach dem neuesten Stand erkundigen. Für ausreichenden Impfschutz müssen Sie auch sorgen, wenn Sie Ihre Katze während des Urlaubs im Tierheim oder einer Tierpension unterbringen wollen, da dort die Ansteckungsgefahr besonders groß ist.

Strolcht der Haustiger im Freien herum, bieten Impfungen gegen Katzenleukose und Tollwut Schutz vor diesen gefürchteten und fast immer tödlich verlaufenden Viruserkrankungen.

DIE GESUNDHEIT

Viruserkrankungen und ihre Symptome

Häufig werden Viruserkrankungen zu spät erkannt, weil sie zunächst meist recht harmlos beginnen. Erst allmählich treten die für die Krankheit typischen Symptome auf, die eine eindeutige Diagnose ermöglichen. Dann jedoch ist dem Tier oft nicht mehr zu helfen. Beobachten Sie also Ihre Katze genau, und gehen Sie lieber einmal zu viel als zu wenig zum Tierarzt. Das gilt insbesondere, wenn Sie mehrere Katzen haben, da auch scheinbar gesunde Tiere die anderen anstecken können.

Katzenseuche (Panleukopenie) gehört zu den häufigsten und gefährlichsten Infektionskrankheiten. Es handelt sich dabei um ein sehr zähes Virus, das Monate und sogar Jahre in Räumen überlebt und auch mit Desinfektionsmitteln meist nicht zu tilgen ist. Der Erreger wird nicht nur von Tier zu Tier übertragen, sondern kann auch von Menschen mit den Schuhsohlen oder der Kleidung eingeschleppt werden. Besonders gefährdet sind junge Katzen, die nach dem Auftreten der ersten Symptome manchmal bereits innerhalb einiger Stunden jämmerlich zugrunde gehen. Erste, oft nicht erkannte Alarmzeichen sind Eßunlust und insgesamt apathisches Verhalten. Sehr schnell folgen hohes Fieber, Erbrechen und dann auch Durchfälle, die zunächst wässrig und manchmal auch blutig sind. Das Virus zerstört die weißen Blutkörperchen und schwächt damit das Abwehrsystem. Da sich der Erreger nicht bekämpfen läßt, hat die Katze nur eine Überlebenschance, wenn die Krankheit bereits bei den ersten Symptomen erkannt und behandelt wird.

Katzenschnupfen ist keineswegs so harmlos, wie der Name klingt. Er wird durch verschiedene Viren hervorgerufen und meist durch den direkten Kontakt mit anderen Katzen übertragen. Am häufigsten tritt er bei jungen Katzen auf, jedoch können auch ältere Tiere an Katzenschnupfen erkranken. Erstes Symptom ist häufiges Niesen. Die Katze hat keinen Appetit und ist lustlos. Es folgen zunächst wässriger und dann eitriger Augen- und Nasenausfluß sowie Fieber. Da auch Mund- und Rachenhöhle meist entzündet sind, kommt es zu vermehrter Speichelproduktion. In ungünstigen Fällen kann es auch zu Lungen- und Gebärmutterentzündungen sowie Störungen des Nervensystems kommen. Die Chancen, diese Krankheit zu überleben, sind bei rechtzeitiger Therapie größer als bei der Katzenseuche.

Katzenleukose wird durch das Katzenleukämievirus, abgekürzt FeLV, hervorgerufen. Dieses Virus gehört zur gleichen Familie wie das AIDS-Virus des Menschen, ist aber auf Menschen nicht übertragbar, sondern befällt ausschließlich Katzen. Achtzig Prozent der an Leukose erkrankten Katzen sterben innerhalb von drei Jahren. Die Übertragung erfolgt von Katze zu Katze über den Speichel, Urin oder Kot. Das Krankheitsbild ist sehr unterschiedlich. Die Symptome reichen von Teilnahmslosigkeit, Abmagerung, unstillbaren Durchfällen, chronischem Schnupfen bis zu Blutarmut, Lungenentzündungen, Gelbsucht und krebsähnlichen Erkrankungen. Das Problem ist, daß auch Katzen, die keinerlei Symptome zeigen, Träger des Virus sein können und es eventuell auf andere Katzen übertragen können.

Feline Infektiöse Peritonitis (FIP), auch „ansteckende Bauchwassersucht der Katzen" genannt, verläuft wie die Leukose immer tödlich. Sie wird durch direkten Kontakt mit infizierten Katzen übertragen oder indirekt durch Freßnäpfe, Katzentoiletten, Bürsten etc. Erste Anzeichen sind Appetitlosigkeit, Abmagerung und chronisches Fieber. Später kommt es zu Flüssigkeitsansammlungen im Bauch, manchmal auch in der Brusthöhle oder im Herzbeutel. Die FIP kann fast jedes Organ in Mitleidenschaft ziehen. Am häufigsten sind Leber, Milz und Nieren betroffen. Teilweise kommt es auch zu Schädigungen der Augen oder des Nervensystems.

Tollwut wird fast ausschließlich durch den Biß infizierter Füchse übertragen. Aber auch Marder und Fledermäuse können Träger des Tollwutvirus sein. Das gebissene Tier ist dann selbst eine Ansteckungsquelle. Auch der Kontakt von virushaltigem Speichel mit Kratzwunden, Schürfwunden und anderen Verletzungen kann die Erkrankung auslösen. Bricht die Krankheit aus, ist sie für Katzen wie Menschen tödlich. Das Tollwutvirus greift das Gehirn an und führt bei infizierten Tieren zu Verhaltensänderungen, Aggressivität, Beißwut, Raserei und im Endstadium

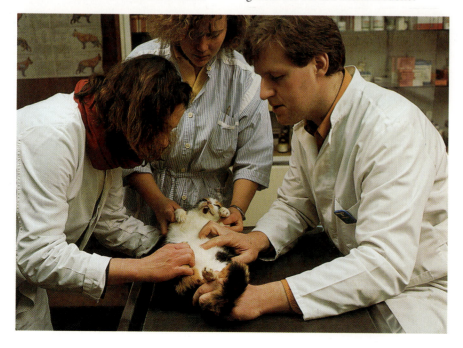

Viele Viruserkrankungen beginnen harmlos und werden zu spät erkannt.

WÜRMER UND ANDERE PARASITEN

zu Lähmungserscheinungen. Wenn Sie auch nur den Verdacht haben, daß Ihre Katze mit einem tollwutkranken Tier Kontakt hatte, sollten Sie im eigenen Interesse sofort den Tierarzt informieren. Da Tollwut zu den anzeigepflichtigen Seuchen gehört, muß das Veterinäramt verständigt werden. Können Sie anhand des Impfpasses nachweisen, daß Ihre Katze gegen Tollwut geimpft ist, brauchen Sie nicht die Tötung des Tieres zu befürchten. Anerkannter Impfschutz besteht, wenn die Impfung mindestens vier Wochen und höchstens ein Jahr zurückliegt.

Würmer und andere Parasiten

Geht Ihre Katze gern auf die Pirsch, wird es sich nicht verhindern lassen, daß sich irgendwann ungeliebte Schmarotzer bei ihr einnisten. Sie beeinträchtigen nicht nur das Wohlbefinden Ihres Stubentigers, sondern können auch seiner Gesundheit ganz erheblich schaden. Je früher Sie die lästigen Parasiten bekämpfen, desto weniger Unheil können sie anrichten. Gefährlich sind vor allem Würmer, da sie die inneren Organe angreifen und den Impfschutz beeinträchtigen können.

Bandwürmer werden hauptsächlich durch Flöhe, aber auch durch Mäuse, Ratten und rohen Fisch übertragen. Wenn Sie feststellen, daß Ihre Katze trotz gutem Appetit abmagert und Durchfall hat, sollten Sie den Kot vom Tierarzt untersuchen lassen. Manchmal können Sie Bandwurmbefall auch selbst erkennen, wenn Sie After und Kot Ihrer Katze genau unter die Lupe nehmen. Meist läßt sich das Problem bereits durch eine einmalige Behandlung mit einem entsprechenden Wurmmittel lösen.

Spulwürmer, auch Rundwürmer genannt, sind vor allem für Welpen und junge Katzen gefährlich, die teilweise bereits durch die Muttermilch infiziert sind. Aus den meist mit der Nahrung aufgenommenen Spulwurmeiern schlüpfen im Darm Larven, die sich während der Wanderung durch den Körper der Katze zu geschlechtsreifen Würmern entwickeln. Die Weibchen legen dann pro Tag bis zu 200000 Eier, die mit dem Kot ins Freie gelangen. Wenn Ihr Kätzchen abmagert, niest, hustet oder andere Krankheitserscheinungen zeigt, sollten Sie den Kot untersuchen lassen. Manchmal sind Spulwürmer auch mit bloßem Auge in Kot oder Erbrochenem sichtbar. Die Behandlung ist mit den heute bei Spulwurmbefall verwendeten pastenartigen Präparaten problemlos. Da sie jedoch nicht die Larven, sondern nur die ausgewachsenen Würmer vernichten, muß die Behandlung nach zwei Wochen wiederholt werden. Viele Tierärzte empfehlen, regelmäßig auch bei Wohnungskatzen den Kot untersuchen zu lassen.

Flöhe sind ausgesprochen unangenehme Plagegeister, da sie vor allem bei langhaarigen Katzen schwer zu erkennen und packen sind, Bandwürmer übertragen und manchmal zu allergischen Reaktionen führen. Flöhe setzen ihren Kot, erkennbar an kleinen dunklen Punkten, im Fell der Katze ab, und ihre Stiche lösen einen starken Juckreiz aus. Schutz vor Flohbefall bieten spezielle Flohhalsbänder für Katzen. Abgesehen davon, daß viele Katzen sich mit allen vier Pfoten gegen so ein Halsband sträuben, können sie in Einzelfällen eventuell allergisch auf die Wirkstoffe reagieren. Auch einsprühen lassen sich Katzen äußerst ungern. Eine andere Alternative sind Flohpulver und -tropfen. Achten Sie aber darauf, daß diese Mittel speziell für Katzen geeignet sind. Doch haben Sie damit das Flohproblem noch nicht gelöst. Flöhe halten sich nämlich die meiste Zeit nicht auf Ihrer Katze, sondern irgendwo in der Wohnung auf, um beispielsweise Eier zu legen, aus denen wieder viele neue Flöhe schlüpfen. Es ist daher wichtig, alle Utensilien der Katze wie Korb und Decken sowie die Fußböden gründlich zu reinigen und eventuell ebenfalls mit Flohpulver oder mit Spray zu behandeln.

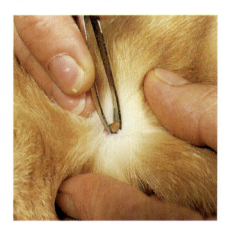

Bei Zecken müssen Kopf und Körper vollständig entfernt werden.

Zecken gehören zu den besonders gefürchteten Schmarotzern, da sie mit ihrem Biß Infektionskrankheiten übertragen können. Wenn Ihre Katze gern durch die Büsche schleicht, sollten Sie das Fell im Sommer möglichst nach jedem Ausflug kontrollieren. Zecken lassen sich meist problemlos entfernen, wenn man ihren Körper mit Öl beträufelt. Nach etwa einer halben Stunde können Sie den Körper mit einer Pinzette herausziehen oder mit Daumen und Zeigefinger herausdrehen. Wichtig ist, daß auch der Kopf der Zecke entfernt ist, da es sonst zu Entzündungen kommen kann.

Milben werden fast immer von Katze zu Katze übertragen und können schwere Erkrankungen auslösen. Ein Zeichen für Milbenbefall sind häufiges Kratzen an den Ohren, das Anlegen der Ohren, Kopfschütteln und dunkle Absonderungen im Gehörgang. Auch Milbenbefall im Gesicht und am Körper macht sich durch starken Juckreiz bemerkbar. Werden Milben nicht rechtzeitig behandelt, können sie zur Räude, auch Krätze genannt, führen.

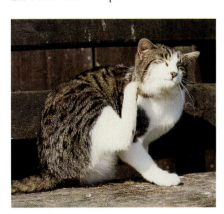

Häufiges Kratzen an den Ohren deutet auf Milbenbefall hin.

DIE GESUNDHEIT

Was Ihrer Katze gefährlich werden kann

Wohnungskatzen leben zwar in der Regel gesünder und länger als Auslaufkatzen, da sie weniger Gefahren ausgesetzt sind – ganz ohne Risiken ist aber auch der Haushalt nicht. Vor allem bei ganz jungen, sehr neugierigen Kätzchen kann man gar nicht vorsichtig genug sein.

Die Gefahren sind keineswegs auf ungesicherte Kippfenster und Balkons beschränkt. So sind beispielsweise viele der Pflanzen, die unsere Wohnung zieren, für Katzen Gift. Selbst wenn Ihr Stubentiger immer frisches Katzengras zur Verfügung hat, können Sie nicht sicher sein, daß er nicht doch zwischendurch einmal aus Neugier oder Langeweile auch an Ihren Zimmerpflanzen knabbert. Die Symptome betreffen vor allem das Verdauungs- und Nervensystem sowie den Kreislauf.

Zu den für Katzen giftigen Pflanzen gehören Wolfsmilchgewächse wie Weihnachtsstern, Christusdorn und der Kroton. Der in den Pflanzen enthaltene Milchsaft führt zu Erbrechen, Durchfall, Bewußtseinsstörungen und oft sogar zum Tod. Tödliche Folgen kann auch das Knabbern an Philodendron, Efeu, Oleander, Korallenbäumchen und an Misteln haben. Verzichten sollten Sie ebenso auf Dieffenbachia, Kalla, Topfazaleen, Primeln, Narzissen und Schleierkraut. Selbst das Kauen an den jungen Trieben der vielfach als Grasersatz geschätzten Grünlilie kann Ihrer Katze schaden. Sie ist zwar nicht giftig, führt aber unter Umständen zu einem chronisch gedämpften Zustand.

Viele Zierpflanzen, mit denen wir unsere Wohnung schmücken, sind Gift für die Katze. Vor allem der in Wolfsmilchgewächsen wie dem Weihnachtsstern enthaltene Saft kann verheerende Folgen haben. Frisches Gras auf der Fensterbank ist keine Garantie dafür, daß der Stubentiger nicht aus Neugier oder Langeweile auch an Zimmerpflanzen knabbert.

WAS IHRER KATZE GEFÄHRLICH WERDEN KANN

Auslaufkatzen sind zwar weniger gefährdet, da sie genügend Möglichkeiten haben, ihren Grünhunger zu stillen. Zu den für Tiere giftigen Pflanzen im Garten gehören Goldregen, Nachtschattengewächse wie der Stechapfel, Hyazinthen, Schnee- und Maiglöckchen, Herbstzeitlose, Rittersporn, Buchsbaum, einige Farnarten, Kartoffeln und Rhabarber.

Eine Gefahrenquelle für die Gesundheit Ihrer Katze sind auch in der Wohnung herumliegende spitze bzw. scharfe Gegenstände wie Nadeln, Nägel, Messer und Rasierklingen sowie etliche der im Haushalt benutzten Pflege- und Reinigungsmittel. Zu den für Katzen besonders gefährlichen Substanzen gehören Phenol, Lysol und Hexachlorophen. Um kein Risiko einzugehen, sollten Sie auf Desinfektionsmittel möglichst ganz verzichten. Für die Reinigung des Katzenklos reichen normalerweise heißes Wasser und Essig. Eine Gefahr sind auch Pflanzenschutzmittel und Insektizide. Wenn Sie nicht ganz auf die Benutzung verzichten können oder wollen, sollten Sie auf jeden Fall dafür sorgen, daß Ihre Katze nicht in der Nähe ist. Katzensicher sollten Sie auch quecksilber-, kohle- und teerhaltige Produkte, Säuren und Laugen sowie Frostschutzmittel unterbringen. Das gleiche gilt für Farben, Lacke, Verdünner und Holzschutzmittel sowie für Schneckenkörner, Mäuse- und Rattengift.

Versuchen Sie nie, Vergiftungen oder Verletzungen Ihrer Katze mit für Menschen nützlichen Hausmitteln oder Medikamenten aus Ihrer Hausapotheke zu kurieren. Sie können wie das bereits erwähnte Aspirin, phenolhaltige Salben und Mittel, die ätherische Öle enthalten, für Katzen gefährlich und sogar tödlich sein. Versuchen Sie auch nicht, Ihre Katze auf eigene Faust zum Beispiel durch Einflößen von Salz zum Erbrechen zu bringen. Fragen Sie Ihren Tierarzt nach geeigneten Erste Hilfe-Maßnahmen. Nur er kann beurteilen, was in dem speziellen Fall richtig und notwendig ist.

Gehen Sie mit Ihrer Katze auch beim leisesten Verdacht einer Vergiftung immer schnellstens zum Tierarzt. Typische Symptome für eine Vergiftung sind Erbrechen, Durchfall, Speicheln, glasige Augen, Krämpfe, Schlafbedürfnis oder auch Untertemperatur. Die rechtzeitige Injektion eines geeigneten Brechmittels, Magenspülungen und die Eingabe giftbindender Substanzen können das Leben Ihrer Katze retten.

Relativ selten kommt es bei Katzen zu Verbrennungen und Verbrühungen, da sie von Natur aus sehr vorsichtig sind. Auch in diesen Fällen sollten Sie nicht herumexperimentieren, sondern den Rat des Tierarztes einholen.

Häufiger passiert es, daß Katzen unabsichtlich eingesperrt werden, da sie es sich im Bettkasten, einer Schublade oder im Kleiderschrank gemütlich gemacht haben. Zu einem tödlichen Gefängnis wurden für so manche Katze auch schon Waschmaschine und Wäschetrockner. Was Verstecke betrifft, sind Katzen sehr erfindungsreich. Vergewissern Sie sich daher grundsätzlich vor Verlassen des Hauses, wo Ihre Katze steckt. Ein bewährtes Mittel, eine nicht auffindbare Katze aus ihrem Versteck zu locken, ist fast immer das Rappeln mit Trockenfutter.

Zu den Gefahrenquellen für Wohnungskatzen gehören nicht nur giftige Pflanzen, Putz- und Reinigungsmittel. Neugierde und der Wunsch, sich irgendwo zu verkriechen, wurde schon so mancher Katze zum Verhängnis. Zu einer tödlichen Falle können Waschmaschine, Wäschetrockner und der Kühlschrank werden.

DIE GESUNDHEIT

Ein freudiges Ereignis

Wenn Ihre Kätzin nicht kastriert oder sterilisiert ist, steht Ihnen schon sehr bald ein freudiges Ereignis bevor. Freudig für Sie und die jungen Kätzchen ist es jedoch nur, wenn Sie bereits Interessenten für den Nachwuchs haben, die später dann auch zu ihrem Versprechen stehen.

Sehr frühreife Kätzinnen gehen bereits mit etwa sieben Monaten auf Partnersuche. Ist Ihrer Kätzin der Richtige über den Weg gelaufen, wird sich ihr Bauch nach etwa vier Wochen runden. Sie braucht dann mehr Nahrung und besonders viele Streicheleinheiten. Nach etwa sechzig Tagen ist es dann soweit: Die werdende Katzenmutter wird unruhig und sucht nach einem Plätzchen, wo sie ihre Jungen zur Welt bringen kann.

Spätestens zu diesem Zeitpunkt sollten Sie Ihrer Katze ein geeignetes, mit kochbaren Tüchern gepolstertes

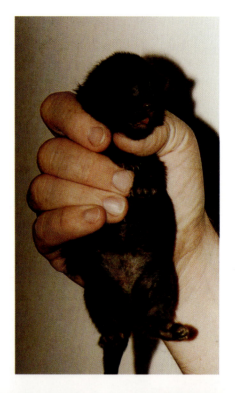

Lager an einem warmen, geschützten Platz für die Geburt anbieten. Das kann ein geräumiger Korb sein oder auch ein an der Längsseite geöffneter, stabiler Karton. Es ist allerdings keineswegs sicher, daß sie ihren Nachwuchs tatsächlich in diesem Lager zur Welt bringt oder sich nicht doch einen anderen verborgenen Platz sucht.

Die Geburt verläuft meistens ohne Komplikationen und ohne Mithilfe des Menschen. Ob seine Anwesenheit erwünscht ist, entscheidet die Katze selbst. Sie sollten ihren Wunsch auf jeden Fall respektieren und sich zurückziehen bzw. in Ihrer unmittelbaren Nähe bleiben. Setzen Sie sich rechtzeitig mit Ihrem Tierarzt in Verbindung, wenn Komplikationen zu erwarten sind.

Frühreife Katzen gehen schon mit sieben Monaten auf Partnersuche. Das Mutterglück läßt dann nicht lange auf sich warten.

EIN FREUDIGES EREIGNIS

In mehr oder weniger kurzen Intervallen bringt die Kätzin ihre Jungen zur Welt, beißt die Nabelschnur durch, befreit sie von der Fruchthülle, beleckt sie und frißt die Nachgeburt auf. Sind alle Kätzchen auf der Welt, wäscht sich die Mutter selbst und hat dann eine Belohnung verdient. Stellen Sie ihr Lieblingsfutter und etwas mit Eigelb verquirlte Dosenmilch sowie das Katzenklo in unmittelbare Nähe, da die Katzenmutter ihren Nachwuchs nicht aus den Augen läßt. Wenn Sie dann das Lager mit frischen Tüchern auspolstern, wird sich die Kätzin schnurrend zu ihren Jungen legen, sie an ihren Zitzen saugen lassen und zwischendurch immer wieder belecken. Sie ist eine vorbildliche Mutter, die optimal für die Ernährung und Pflege ihrer Kinder sorgt.

Die blind und taub geborenen Kätzchen werden von der Mutter geputzt. Der Geruchssinn führt sie zielsicher an die Zitzen.

DAS ZUSAMMENLEBEN

Schmusen und Spielen

Die Freude am Schmusen und Spielen ist Katzen angeboren. Beides gehört zu den Lieblingsbeschäftigungen Ihres Stubentigers – allerdings alles zu seiner jede Gelegenheit für intensive Schmusestunden nutzt oder sie sogar einfordert, hängt nicht nur von der Rasse ab. Ganz entscheidend für sein späteres Verhalten ist die Umgebung, in der er die ersten Wochen seines Lebens verbracht hat.

Kätzchen, die bereits von früh auf an den Menschen gewöhnt und von ihm verwöhnt worden sind, werden ihr Leben lang zärtlicher sein als eine Katze, die das liebevolle Streicheln durch die menschliche Hand erst kennenlernt, wenn sie im Alter von zehn Wochen und mehr Mutter und Geschwister verläßt.

Eines aber ist allen Katzen gemeinsam: Gegen ihren Willen lassen sie sich nicht zum Schmusen verleiten. Wer einer Katze Streicheleinheiten aufzwingt, darf sich nicht wundern, wenn sie sich wehrt und zurückzieht. Ist sie zum Schmusen aufgelegt, kommt sie von allein und hat es dann oft gar nicht gern, wenn der Mensch mit einer Hand streichelt und mit der anderen ein Buch oder eine Zeitschrift liest. Mit zaghaftem Nasenstüber oder Samtpfötchen wird das Schmusekätzchen Sie bitten, sich ihm ganz zu widmen. Es wird Ihnen genau zeigen, wo es sich am liebsten streicheln läßt, und wann es genug Streicheleinheiten hat.

Nicht jeder Stubentiger ist eine Schmusekatze. Das Bedürfnis nach Streicheleinheiten kann individuell sehr verschieden sein. Wann und wielange geschmust wird, bestimmt nicht der Mensch, sondern das Tier. Wer sich nicht daran hält, bekommt möglicherweise einen schmerzhaften Denkzettel.

Zeit. Und diese Zeit bestimmt allein die Katze und nicht der Mensch. Wer sich darüber hinwegsetzt und die Vorwarnungen ignoriert, bekommt möglicherweise einen schmerzhaften Denkzettel. Warten Sie also lieber ab, bis Ihnen Ihr Stubentiger ein Zeichen gibt, und beenden Sie die Schmuse- oder Spielstunde, sobald er warnend sein Pfötchen hebt.

Das Bedürfnis nach Streicheleinheiten ist bei Katzen individuell sehr verschieden. Ob Ihr Stubentiger sich nur sporadisch in Ihren Schoß kuschelt,

SCHMUSEN UND SPIELEN

Nach den gleichen Regeln verläuft das Spiel, das keineswegs nur junge Kätzchen lieben. Der Spieltrieb nimmt zwar mit der Zeit ab, bleibt aber bis ins hohe Alter erhalten. Spielen hält gesund und munter und ist gerade für Wohnungskatzen so wichtig wie Ernährung und Pflege. Verhaltensforscher haben festgestellt, daß eine gesunde Katze im Durchschnitt täglich drei Stunden und vierzig Minuten spielt – mit sich selbst, mit Spielzeug, anderen Katzen und ganz besonders gern mit dem Menschen. Das ist ebensoviel Zeit, wie sie auf ihre Körperpflege verwendet.

Wer seine Katze liebt, nimmt sich jeden Tag Zeit für das Spiel und denkt sich immer mal wieder etwas Neues aus, damit keine Langeweile aufkommt. Besonderen Spaß macht Ihrer Katze das gemeinsame Spiel, wenn Sie sich auf die gleiche Ebene begeben. Legen Sie sich beim Ball- oder Versteckspielen ruhig mal auf den Boden, oder gehen Sie zumindest in die Hocke.

Beliebt ist vor allem das Katz- und Mausspiel, bei dem Ihr Stubentiger seinen angeborenen Jagdinstinkt unter Beweis stellen und trainieren kann. Als Beuteobjekt ist alles geeignet, was sich bewegen läßt. Das kann eine Spielzeugmaus, ein Korken oder auch eine leere Zigarettenschachtel sein. Befestigen Sie das Spielzeug an einem Sisalseil, langen Band, alten Gürtel oder einem Stock. So läßt sich das Spielzeug besser bewegen, und Sie verhindern damit, daß die Katze mit der Beute auch Ihre Hand packt. Lauernd verfolgt das Kätzchen jede Bewegung und setzt dann unvermittelt zum Sprung an.

Wenn Sie das Katz- und Maus-Spiel jedoch übertreiben und die Geduld Ihrer Katze überstrapazieren, indem Sie ihr die Beute allzu lange vorenthalten, hört der Spaß bald auf. Sie werden dann sehr schnell merken, daß Ihr samtpfötiger Stubentiger ein geborener Jäger mit scharfen Krallen und

Katzen können sich gut allein beschäftigen, genießen es aber besonders, wenn der Mensch mit ihnen spielt. Im Spiel zeigt sich auch bei Haustigern, die nie auf Beutefang waren, der angeborene Jagdinstinkt. Als Beuteobjekt ist alles geeignet, was sich bewegt.

Zähnen ist. Und diese Erfahrung kann recht schmerzhaft sein.

Ganz ohne Kratzer werden Sie jedoch auch bei größter Vorsicht das ausgelassene Spiel mit jungen Kätzchen nicht überstehen. Kalkulieren Sie auch immer ein, daß die Stimmung unversehens umschlagen kann, weil die Katze müde ist oder einfach keine Lust mehr hat. Vor allem junge Kätzchen ermüden schnell, da sie im Verhältnis zum Körper ein sehr kleines Herz haben. Spätestens, wenn die Katze die Pfote hebt und der Schwanz zuckt, sollten Sie die Spielstunde beenden.

DAS ZUSAMMENLEBEN

Kind und Katze

Es gibt wohl kaum ein Kind, das nicht irgendwann den Wunsch nach einem Kätzchen äußert. Beide schmusen und spielen gern, und auch sonst gibt es etliche Gemeinsamkeiten. Dennoch wäre es ein Fehler, diesem Wunsch zu früh nachzugeben. Erst muß das Kind begreifen, daß eine Katze kein Plüschtier, sondern ein lebendiges Wesen ist. Und das ist meist erst der Fall, wenn das Kind die Schulbank drückt.

Wenn der Entschluß feststeht, sollten Sie sich nach einem Kätzchen umsehen, daß bereits in einer Familie mit Kindern aufgewachsen ist. Dann brauchen Sie nicht zu befürchten, daß es bei jeder falschen Bewegung und lautstarker Begrüßung ängstlich zusammenzuckt und die Krallen zeigt. Je mehr Sie selbst über das Wesen, die Eigenheiten und die Körpersprache von Katzen wissen, desto schneller werden Kind und Katze miteinander Freundschaft schließen.

Eines haben Katzen und Kinder gemeinsam: Sie spielen und schmusen gern. Wenn ein Kind gelernt hat, wie man mit Kätzchen umgeht, daß man sie nicht wie Plüschtiere behandeln darf und man ihre Wünsche respektieren muß, schließen Kinder und Katzen schnell Freundschaft.

Erklären Sie Ihrem Sprößling, daß man eine Katze nicht wie Puppe oder Teddy jederzeit auf den Arm nehmen und herumtragen kann, sie nicht beim Essen oder Schlafen stört und ihr nicht hinterherrennt, sondern wartet, bis sie von selbst kommt. Zeigen Sie dem Kind, wie man ein Kätzchen streichelt, wie man mit ihm spielt und woran man erkennt, daß es seine Ruhe haben möchte.

Sind Kinder noch zu klein, werden sie das Kätzchen als Spielzeug betrachten, eventuell auch mal am Schwanz festhalten oder an den Schnurrhaaren ziehen. Selbst das liebevoll gemeinte Streicheln durch tollpatschige Kinderhände kann für ein junges Kätzchen ausgesprochen unangenehm sein. Hat ein Kätzchen negative Erfahrungen mit Kindern gemacht, wird es auch als ausgewachsene Katze nicht besonders kinderfreundlich sein.

Ist umgekehrt die Katze vor dem Kind im Haus, gibt es fast nie Probleme, nachdem die eventuell kritische Eingewöhnungsphase überstanden ist. Zunächst wird die Katze sicherlich eifersüchtig auf die menschliche Konkurrenz in Windeln reagieren. Diese Protestreaktionen können sich individuell sehr unterschiedlich äußern. Wenn Ihr Stubentiger von Natur aus eifersüchtig ist und bisher immer absoluter Mittelpunkt war, sollten Sie einkalkulieren, daß er sich vorübergehend

KIND UND KATZE

apathisch in eine Ecke verzieht, unsauber oder auch aggressiv wird. Wielange diese Phase dauert, hängt nicht nur vom Charakter des Tieres, sondern vor allem von Ihrem eigenen Verhalten ab. Zusätzliche Streicheleinheiten, Lieblingsfutter und intensives Spiel werden Ihre Katze schnell davon überzeugen, daß sie auch in Zukunft nicht auf Ihre Liebe verzichten muß.

Vermutlich wird die Katze dann ganz von selbst Interesse an dem kleinen Bündel zeigen und seine Nähe suchen. Lassen Sie die Katze aber zunächst nur in die Nähe des Kindes, wenn Sie beide genau im Auge haben. Ansonsten sollten Sie dafür sorgen, daß die Tür des Kinderzimmers geschlossen ist. Es könnte sonst passieren, daß Ihre Katze Gefallen an der Wärme und dem Milchgeruch des Babys findet und sich ebenfalls ins Kinderbett verkriecht.

Die Ankunft eines Babys ist auch unter dem hygienischen Aspekt absolut kein Grund, sich von der Katze zu trennen. Gut gepflegte und gesunde Katzen sind für ein Kind weniger problematisch als Streicheleinheiten fremder Menschen im Supermarkt oder auf der Straße.

Sind Katzen an Kinder gewöhnt, gehen sie mit ihren kleinen, zweibeinigen Spielgefährten meist sehr viel zaghafter um als mit Erwachsenen. Selbst gegen allzu stürmische Umarmungen wehren sie sich nur mit eingezogenen Krallen. Auch aus hygienischen Gründen ist der hautnahe Kontakt zwischen Kind und Katze kein Problem.

Wenn Sie Ihren Stubentiger regelmäßigen tierärztlichen Kontrollen unterziehen, täglich Katzenhaare von Teppichen und Polstern entfernen und auch der „Katzentisch" immer sauber ist, brauchen Sie um die Gesundheit Ihres zweibeinigen Lieblings nicht zu bangen. Was seine seelische Entwicklung betrifft, wird er von der Liebe und Freundschaft, die ihm die Katze entgegenbringt, nur profitieren.

Die Erfahrung zeigt, daß Katzen sich von Kindern wesentlich mehr gefallen lassen als von Erwachsenen. Wenn sie sich zur Wehr setzen, dann meist mit eingezogenen Krallen. Allerdings wird Ihr Kind sicher auch einmal die Krallen zu spüren bekommen. Spätestens dann wird es lernen, daß man Rücksicht nehmen und die Wünsche anderer respektieren muß.

DAS ZUSAMMENLEBEN

Hund und Katze

Hunde und Katzen sprechen verschiedene Sprachen, was allerdings keineswegs bedeutet, daß sie sich grundsätzlich nicht verstehen. Im Gegenteil: Sobald die Mißverständnisse ausgeräumt sind, werden aus ihnen oft die dicksten Freunde. Von angeborener Feindschaft, wie ihn der Volksmund Hund und Katze unterstellt, kann also keine Rede sein.

Wenn ein Hund laut bellend eine Katze jagt, sind fast immer die Menschen schuld, die ihn so erzogen haben. Ist der Hundefreund jedoch auch ein Katzenfreund, wird er seine helle Freude an der Freundschaft der im Verhalten so unterschiedlichen Vierbeiner haben. Es wird nicht lange dauern, bis Hund und Katze die Körpersprache des anderen begreifen.

Im täglichen Zusammenleben wird sich schnell klären, daß die gleichen Gesten unterschiedliche Bedeutung Hebt der Hund die Pfote, will er spielen, während eine Katze dann in Ruhe gelassen werden will.

Grundsätzlich ist es immer einfacher, eine Katze in den Hundehaushalt zu integrieren als einen Hund in einen Katzenhaushalt. Der Hund wird die Katze als Mitglied seiner Meute akzeptieren, während die Katze von Natur aus ein Einzelgänger ist und nur ungern andere Tiere – egal ob Hunde oder Artgenossen – um sich duldet.

Kleine Kätzchen, die in einem Hundehaushalt groß werden, kennen keine Angst vor großen Tieren. Der Schäferhund akzeptiert es als Mitglied seiner Meute.

haben. Zunächst klingt das Knurren des Hundes für Katzenohren wie Schnurren, das Schnurren der Katze für Hunde wie Knurren. Mit dem wedelnden Schwanz zeigt der Hund seine Freude, die Katze ihren Ärger.

Geben Sie den Tieren Gelegenheit, sich erst einmal durch die geschlossene Tür zu beschnuppern und zu belauschen. Wenn Sie Ihrer Katze dann zunächst einmal den friedlich schlafenden Hund präsentieren, ist vielleicht

HUND UND KATZE

schon die Neugier geweckt. Wiederholen Sie den Kontakt, wenn der Hund satt und vom Spiel müde in seinem Korb liegt. Haben sich Hund und Katze aneinander gewöhnt, werden sie womöglich gemeinsam im Hundekorb schlafen und aus einem Napf trinken. Das Hundefutter sollten sie allerdings nicht teilen, da Katzen einen wesentlich höheren Bedarf an Eiweiß haben.

Hund und Katze lernen schnell, was die Körpersprache des anderen zu bedeuten hat. Wenn alle Mißverständnisse ausgeräumt sind, werden sie die dicksten Freunde. Friedlich liegen, schmusen und spielen sie miteinander.

DAS ZUSAMMENLEBEN

Mit Katzen reisen

Wenn es nach der Katze geht, könnte man das Wort Urlaub ganz aus dem Vokabular streichen. Sie ist ein Gewohnheitstier und fühlt sich zu Hause am wohlsten. Reisefreudige Katzen sind die absolute Ausnahme. Wenn Sie Ihren Stubentiger dennoch unbedingt mitnehmen wollen oder müssen, sollten Sie alles tun, um den Streß in Grenzen zu halten.

Voraussetzung ist die rechtzeitige und gründliche Planung der Reise. Vor allem muß sichergestellt sein, daß die Katze am Urlaubsziel willkommen ist. Liegt es im Ausland, müssen Sie rechtzeitig prüfen, ob Ihre Katze den verlangten Impfschutz hat. Erkundigen Sie sich beim Veterinäramt, dem Konsulat, im Reisebüro oder bei den Automobilclubs nach den aktuellen Bestimmungen. Ganz wichtig ist die Impfung gegen Tollwut. Sie muß mindestens vier Wochen vor der Einreise erfolgen und darf höchstens ein Jahr zurückliegen. Einige Länder verlangen, daß die Impfungen vom Amtstierarzt bzw. amtlich beglaubigt sind.

Auch das friedlichste kleine Kätzchen darf nur in einem entsprechenden Transportbehälter reisen. Für Flug- und Bahnreisen gibt es spezielle, sicher verschließbare Boxen. Für Autofahrten ist auch der Transportkorb aus Weidengeflecht mit abnehmbarem Gitter geeignet. Ihr Stubentiger sollte schon vor Reiseantritt an den Transportbehälter gewöhnt sein und sich in ihm richtig wohlfühlen. Je nach Temperament und psychischer Verfassung können Sie Ihrer Katze ein Beruhigungsmittel geben. Flößen Sie ihr aber kein Mittel aus der Hausapotheke ein, sondern fragen Sie Ihren Tierarzt.

Wenn Ihr Stubentiger das Autofahren nicht gewöhnt ist bzw. das Ziel bisher nur der Tierarzt war, sollten Sie vor der Reise einige Male mit ihm ums Karree fahren und ihn danach mit Streicheleinheiten verwöhnen. Er wird dann mit dem Auto nicht nur negative Erfahrungen verbinden und sich auf der Fahrt ruhiger verhalten. Stellen Sie den Transportkorb immer auf den Rücksitz und achten Sie darauf, daß Ihre Katze keinen Zug bekommt, da sie besonders anfällig für Erkältungskrankheiten ist.

Vor allem bei Autofahrten und am Urlaubsziel erweist es sich als hilfreich, wenn Sie Ihre Katze auch frühzeitig an Halsband bzw. Brustgeschirr und Leine gewöhnt haben. Dann können Sie unterwegs beruhigt mal Rast machen und auch in Ihrem Urlaubsquartier Fenster und Türen öffnen, ohne befürchten zu müssen, daß Ihr Liebling das Weite sucht. Heimwehkranke Katzen sind unberechenbar und entwickeln eine ungeahnte Energie, wenn sie eine Chance sehen, wieder in ihr geliebtes Heim zurückkehren zu können.

Je mehr Gegenstände aus der Katzenwohnung mit auf Reisen gehen, desto geringer wird der Streß für Ihren Stubentiger sein. Wenn er am Urlaubsziel seine Lieblingsdecke, das Katzenklo mit der gewohnten Streu und seine Futternäpfe vorfindet, wird er sich schneller mit dem neuen Domizil abfinden. Ganz wichtig ist ein aus-

Ein für die Reise gepackter Koffer bedeutet für die meisten Katzen keine Freude, sondern Streß.

reichender Vorrat der gewohnten Nahrung, wenn man sie am Urlaubsort nicht kaufen kann. Jede Nahrungsumstellung bedeutet zusätzlichen Streß, der unübersehbare psychische und physische Folgen haben kann.

MIT KATZEN REISEN

Grenzformalitäten und Einreisebestimmungen

Stand: Mai 1994	Tollwut-Impfung			Gesundheitszeugnis nicht älter als		zu beachten
	erforderlich	vor mind.	gültig	vom Tierarzt	vom Amtstierarzt	
BELGIEN	◊	1 Monat	1 Jahr	–	–	
BULGARIEN	◊	1 Monat	1 Jahr*	–	ja; 10 Tage	a
DÄNEMARK	◊	1 Monat	1 Jahr	–	–	
ESTLAND	◊			–	–	a
FINNLAND	◊	1 Monat	1 Jahr	–	–	
FRANKREICH	◊	1 Monat	1 Jahr	–	–	b
GRIECHENLAND	◊	1 Monat	1 Jahr	ja	–	a
GROSSBRITANNIEN	◊	6 Monate Quarantäne und Einfuhrgenehmigung				
IRLAND	◊	6 Monate Quarantäne und Einfuhrgenehmigung				
ITALIEN	◊	1 Jahr	11 Mon.	ja; 30 Tage	–	a, c
KROATIEN	◊	1 Jahr	6 Mon.	–	–	a
LETTLAND	◊	1 Jahr		–	ja; 10 Tage	
LITAUEN	◊			–	ja; 10 Tage	
LUXEMBURG	◊	1 Jahr	1 Jahr	–	–	
NIEDERLANDE	◊	1 Jahr	1 Jahr	–	–	
NORWEGEN	◊	1 Jahr		ja	–	d
ÖSTERREICH	◊	1 Monat	1 Jahr	–	–	c
POLEN	◊	21 Tagen	1 Jahr	–	ja	a
PORTUGAL	●	1 Monat	1 Jahr	–	ja; 1–2 Tage	
RUMÄNIEN	◊	14 Tagen	6 Mon.	ja; 10 Tage		
RUSSLAND	Ausfuhrbescheinigung			–	ja; 10 Tage	
SCHWEDEN	◊			ja	–	d
SCHWEIZ	◊	1 Monat	1 Jahr	–	–	
SLOWAK. REP.	◊	1 Monat	1 Jahr	ja; 10 Tage		a, g
SPANIEN	◊	1 Monat	1 Jahr	ja; 14 Tage		e
TSCHECH. REP.	◊	1 Monat	1 Jahr	–	ja; 3 Tage	a, e, g
TÜRKEI	◊	14 Tagen	6 Mon.	–	ja; 2 Tage	a
UNGARN	●	1 Monat	1 Jahr	–	ja; 8 Tage	a, e, f
USA	◊	1 Monat	1 Jahr	–	–	

◊: vom Tierarzt · ●: vom Amtstierarzt bzw. amtlich beglaubigt · *: bei Katzen 6 Monate · **a:** Eintragung im internationalen Impfpaß mit Tollwutbescheinigung · **b:** bei Tieren unter 3 Monate nur mit Importgenehmigung (F) · **c:** Maulkorb und Leine sind mitzuführen · **d:** strenge Bestimmungen; lange Formalitäten (ca. 4 Monate); Auskünfte bei Botschaften oder beim schwedischen Landwirtschaftsamt Statens Jordbruksverk, Smittskyddsenheten, S-55182, Jönköping · **e:** mit Übersetzung in Landessprache · **f:** Impfung gegen Staupe obligatorisch · **g:** Komplett-Impfung erforderlich

DAS ZUSAMMENLEBEN

Urlaub ohne Katze

Wenn Sie auf Urlaub nicht verzichten, Ihrem Stubentiger aber die Tortur einer Reise ersparen wollen, lassen Sie ihn am besten zu Hause. Er wird zwar nicht sonderlich erfreut sein und Sie vermissen, aber weniger leiden als unter einem strapaziösen Urlaub. Voraussetzung ist natürlich, daß er gut versorgt ist, während Sie in fernen Gefilden die Sonne genießen.

Sehen Sie sich rechtzeitig in der Nachbarschaft, im Verwandten- und Freundeskreis nach einem geeigneten Cat-Sitter um, der Ihren Liebling während des Urlaubs so pflegt, füttert und streichelt, wie er es gewohnt ist. Besonders gern nehmen Kinder diese Aufgabe wahr. Natürlich dürfen sie nicht zu jung sein und nicht nur die Aufbesserung des Taschengelds im Auge haben. Vergewissern Sie sich, daß der ausgewählte Cat-Sitter zuverlässig ist und diese Aufgabe nicht als Pflichterfüllung, sondern als Freude betrachtet.

Ganz sicher können Sie in diesem Punkt sein, wenn Sie sich an einen der heute zahlreichen Catsitter-Clubs wenden. In ihnen haben sich Katzenfreunde zusammengeschlossen, die ihre samtpfötigen Lieblinge auf Gegenseitigkeit betreuen. Die Adressen erfahren Sie bei örtlichen Katzen- und Tierschutzvereinen, beim Katzenschutz- und Tierschutzbund, beim Bundesverband Tierschutz und beim Verein Deutscher Katzenfreunde. Oder fragen Sie Ihren Tierarzt. Wenn Sie in der Hauptferienzeit reisen, müssen Sie sehr frühzeitig Ihre Wünsche anmelden.

Das gilt auch, wenn Sie Ihren Stubentiger in einer privaten Tierpension unterbringen wollen. Allerdings sollten Sie sich in diesem Fall genau erkundigen und den Termin nicht nur telefonisch vereinbaren. Nehmen Sie die Pension genau unter die Lupe, da es sich zum Teil um unpersönliche, lediglich auf Profit ausgerichtete Verwahranstalten handelt. Und das wollen Sie Ihrem Samtpfötchen ganz sicher nicht antun.

Suchen Sie rechtzeitig nach einer für Ihre Katze akzeptablen Lösung und spekulieren Sie nicht darauf, Ihren Stubentiger notfalls im Tierheim unterzubringen. Tierheime sind gerade in der Hauptferienzeit hoffnungslos überfüllt und schaffen es kaum, all die Tiere aufzunehmen, die von ihren verantwortungslosen Besitzern einfach auf die Straße gesetzt werden, obwohl das nach dem Tierschutzgesetz strafbar ist.

Wenn Sie sich für die Unterbringung bei einem Cat-Sitter oder in einer Tierpension entschieden haben, müssen Sie im Interesse Ihrer eigenen Katze und der anderen Tiere rechtzeitig den Impfschutz überprüfen und eine Wurmkur durchführen. Zum Reisegepäck Ihres Stubentigers sollten Schlafkorb, Kuscheldecke, Katzenklo, Spielzeug und die eigenen Näpfe gehören sowie genaue Informationen über Ernährung und Gewohnheiten. Hinterlassen Sie auf jeden Fall auch Ihre Urlaubsadresse und die Adresse des Tierarztes. Wenn Sie jedes Risiko ausschalten wollen, sollten Sie versuchen, vorab zumindest einen Probetag zu vereinbaren. Sie wissen dann, wie sich Ihre Katze verhält, und Ihre Katze weiß, daß sie wieder abgeholt wird.

Ganz ohne Vorbereitungen geht es auch dann nicht, wenn Sie die Ideallösung gefunden haben und Ihr Samtpfötchen während Ihres Urlaubs zu Hause bleiben darf. Sorgen Sie dafür, daß sich Katze und Cat-Sitter vorher kennenlernen und vielleicht sogar schon Freundschaft schließen. Und damit alles seine für die Katze so wichtige Ordnung hat, müssen Sie dem Cat-Sitter genau erklären, was und wann Ihr Stubentiger am liebsten frißt, womit er am liebsten spielt, was er sonst noch gern hat und wie oft das Katzenklo gereinigt werden muß. Klären Sie ihn vorsichtshalber auch über die Lieblingsverstecke Ihrer Katze auf, damit er nicht verzweifelt suchen muß, wenn er kommt oder geht.

Auf diese Vorbereitungen sollten Sie auch dann nicht verzichten, wenn es sich bei dem Cat-Sitter um einen erfahrenen Katzenfreund handelt. Katzen sind nun einmal Individualisten, und jedes Samtpfötchen hat seine eigenen Vorlieben und Abneigungen. Wenn alles wie gewohnt weiterläuft, können Sie ganz beruhigt Ihren Urlaub genießen. Möglicherweise kommt Ihnen Ihr Stubentiger nach der Rückkehr direkt mit hocherhobenem Schwanz entgegen. Es kann aber durchaus auch sein, daß er Sie zunächst mit Mißachtung straft und erst später schnurrend um Ihre Beine schleicht.

Auf dem Weg in die Tierpension.

Umzug mit Katze

Ein Umzug ist für Ihren Stubentiger zwar kein Vergnügen, aber auch kein Weltuntergang. Die früher oft vertretene Meinung, daß Katzen mehr orts- als personentreu sind, wurde längst widerlegt. Unter dem Verlassen der gewohnten Umgebung leidet die Katzenseele weit weniger als unter der Trennung von ihrem Menschen.

Ein Umzug ist immer mit Unruhe und Hektik verbunden, und das ist so gar nicht nach dem Geschmack der ruheliebenden Katze. Versuchen Sie, ihr eine Oase zu schaffen, in der möglichst lange alles unverändert bleibt, da schon ein gepackter Koffer sie in Apathie oder Panik versetzen kann. Durch entsprechende Organisation läßt sich auch ein Umzug für die Katze einigermaßen verträglich gestalten.

Bevor der Umzugsstreß seinen Höhepunkt erreicht und die Möbelpacker anrücken, sollten Sie überlegen, ob sich nicht eventuell schon vorab ein kleiner Raum gänzlich ausräumen und für die Katze reservieren läßt. Stellen Sie Schlafkorb, Spielzeug, Katzenklo, Futter- und Wassernapf hinein und schließen Sie die Tür so ab, daß sie nicht versehentlich von einem der Möbelpacker geöffnet werden kann. Falls kein Raum zur Verfügung steht, sperren Sie die Katze samt Utensilien in das Bad ein.

In der neuen Wohnung wird die Katze ebenfalls zunächst mit allem, was sie benötigt, in einen sicheren Raum verbannt. Öffnen Sie die Tür erst, wenn alle Möbel an ihrem Platz stehen und die Möbelpacker die Wohnung verlassen haben. Plazieren Sie dann die Toilette sowie die Näpfe möglichst so, wie die Katze es in ihrer alten Umgebung gewohnt war. Wenn sich Ihr Stubentiger dann nach einem ersten vorsichtigen Rundgang aufs Katzenklo setzt und den Napf mit seinem Lieblingsfutter entdeckt hat, ist das Schlimmste überstanden.

Halten Sie aber dennoch zur Vorsicht erst einmal Fenster und Türen geschlossen. In den Garten darf Ihr Stubentiger frühestens nach zwei Wochen, wenn er sich völlig an die neue Umgebung gewöhnt hat und sie

als sein Zuhause betrachtet. Er könnte sich sonst verirren und findet dann möglicherweise nicht den Weg zurück.

Andererseits ist auch nie ganz auszuschließen, daß Ihren samtpfötigen Hausgenossen doch noch große Sehnsucht nach seiner alten Heimat plagt und er sich klammheimlich auf den Weg macht. Ist die alte Wohnung nur einige Kilometer entfernt, wird er sein Ziel mit ziemlicher Sicherheit auch erreichen. Bei einem Heimfindetest des Zoologischen Instituts der Universität Kiel fanden fast alle Katzen ohne Umwege in ihre fünf Kilometer entfernte Heimat zurück. Schlechter fielen die Ergebnisse bei Entfernungen von über zwölf Kilometern aus.

Ist der Umzug gut organisiert, wird sich der geliebte Stubentiger schnell an seine neue Umgebung gewöhnen.

VERGANGENHEIT UND GEGENWART

Legenden, Volksmund und Zitate

Mit ihrem rätselhaften Wesen, ihrem ausgeprägten Freiheitswillen, ihrer Grazie und Schönheit beflügelte die Katze seit jeher die Phantasie der Menschen. In aller Welt kursieren Legenden, Redewendungen und Zitate, die der Katze alles Gute und manchmal auch alles Böse unterstellen. Sie offenbaren die wechselvolle Vergangenheit der Katze – einst verehrt und als Symbol der Fruchtbarkeit und Freiheitsliebe gepriesen, als Mäusefänger, Glücksbringer und guter Geist geschätzt, später als Hexe und Verwandte des Teufels verfolgt und verdammt.

Zahlreich sind die Legenden, die sich mit der Erschaffung der Katze beschäftigen. Ebenso wie die altägyptische Fruchtbarkeitsgöttin Bastet ursprünglich mit Löwenkopf dargestellt wurde, basieren auch die Legenden auf der engen Verwandtschaft zwischen Löwe und Katze. Nach der islamischen Version bat Noah eine Löwin um Rat, als eine Mäuse- und Rattenplage die Arche in arge Bedrängnis brachte. Die Königin der Tiere nieste und ihren Nüstern entsprang ein Katzenpärchen, das der durch die Nager entstandenen Not schnellstens ein Ende machte. Nach einer anderen Version ist die Katze das Ergebnis einer liebevollen Beziehung zwischen einem Affen und einer Löwin.

Mohammed und Muessa

Sehr variationsreich sind auch die Legenden, die sich um den Katzenfreund und Gründer des Islam, Prophet Mohammed, ranken. Um das in seinem Arm schlafende Kätzchen „Muessa" nicht zu wecken, soll er ohne Zögern den Ärmel seines Gewandes abgeschnitten haben, als er zum Gebet gerufen wurde. Eine Katze soll sogar ihre Jungen in seinem weiten Ärmel zur Welt gebracht haben. Erzählt wird auch, daß alle Katzen mit vier Pfoten auf den Boden fallen, weil der Prophet den Rücken seines Lieblingskätzchens Muessa immer zärtlich streichelte.

Verehrt wurde die Katze auch von den Germanen. Der Wagen der schönen altgermanischen Göttin Freya wurde stets von zwei Katzen gezogen. Wer Katzen liebte und pflegte, durfte mit dem Schutz der nordischen Göttin der Liebe rechnen.

Während Katzen im alten Ägypten und von den Germanen nicht nur als Mäusefänger geschätzt, sondern vor allem auch wegen ihrer Schönheit verehrt wurden, galten sie im Mittelalter als Symbol für alles Böse.

VERGANGENHEIT UND GEGENWART

In vielen Legenden wird die Katze mit der Weiblichkeit in Verbindung gebracht. So soll Eva nach einer ungarischen Sage nicht aus Adams Rippe, sondern aus dem Schwanz einer Katze entstanden sein. Als Gott gerade Adams Rippe vorsichtig herausnahm, schnappte eine Katze sie und rannte davon. Gott erwischte ihren Schwanz und formte daraus Eva. Nach einer rumänischen Sage hingegen ist die Frau nicht aus der Katze, sondern die Katze aus einer Frau entstanden. Aus ihrem Namen Kata wurde das deutsche Wort Katze.

Alles Aberglaube

Vorwiegend schlecht kommt die Katze im Aberglauben weg, da er seinen Ursprung im Mittelalter hat, als man die Katze als Sinnbild des Heidentums und alles Bösen jagte, folterte und auf grausamste Weise tötete: Streicht eine Katze vor der Hochzeit um den Altar, wird die Ehe unglücklich. Putzt sich die Katze unterm Fenster eines Kranken, so muß dieser sterben. Balgen sich zwei Katzen vor der Tür, so gibt es Streit im Haus. Wer eine Katze schlägt oder ertränkt, hat sieben Jahre Unglück. Die Katze putzt sich, wir bekommen Gäste. Auch als Wetterprophet wurde die Katze herangezogen. Während man in England glaubte, daß regnet, wenn die Katze niest, prophezeit der Schweizer Aberglaube „Wer Katzen nicht mag, muß mit einem verregneten Hochzeitstag rechnen" und „Wer einer Katze etwas antut, wird von Hagel heimgesucht."

Omen für Glück und Unheil

Auch die vielen mit der Katze in Zusammenhang stehenden Redensarten und Sprichwörter machen das zwiespältige Verhältnis deutlich: Die Katze ist der beste Hausfreund. Wäscht sich's Kätzchen, triffst du's Schätzchen. Wer die Katze ins Wasser trägt, der trägt sein Glück aus dem Hause. Wer grob mit einer Katze umgeht, bekommt eine böse Frau. Erst schmeicheln, dann kratzen, das schickt sich für Katzen. Falsch wie eine Katze. Hüte dich vor den Katzen, die vorn lecken und hinten kratzen. Die Katze hat neun Leben, die Zwiebel und das Weib sieben Häute. Katzen und Herren fallen immer auf die Füße. Der Katzen Spiel, ist der Mäuse Tod. Das ist für die Katz (nutz- bzw. wertlos). Da beißt sich die

LEGENDEN, VOLKSMUND UND ZITATE

Katze in den Schwanz (ein Teufelskreis). Die Katze läßt das Mausen nicht (wer einmal etwas Unrechtes getan hat, wird es immer wieder tun). Katz und Maus spielen (jemanden hinhalten). Der Katze die Schelle umhängen (eine gefährliche Aufgabe übernehmen). Die Katze aus dem Sack lassen (seine wahren Absichten zeigen). Die Katze im Sack kaufen (etwas ungeprüft kaufen). Wie die Katze um den heißen Brei herumlaufen (unentschlossen). Das geht wie's Katzenmachen (schnell). Das trägt die Katze auf dem Schwanze fort (eine Kleinigkeit).

Daneben gibt es noch eine Vielzahl von Begriffen, für die die Katze herhalten muß: Der Kater und der Katzenjammer, Katzengold, -silber und -erz als Bezeichnung für falsche Metalle, die (bei Menschen nicht unbedingt rühmliche) Katzenwäsche, der Katzensprung, die (leckeren) Katzenzungen, die (aus Mißtönen bestehende) Katzenmusik, der (kleine) Katzentisch und das Katzenauge als Bezeichnung für Rückstrahler.

In zahlreichen Redewendungen und Sprichwörtern zeigt sich das zwiespältige Verhältnis zu Katzen.

Loblied auf Katzen

Musik in den Ohren aller Katzenfreunde sind die Zitate, in denen berühmte Poeten und Literaten die Katze würdigen.

Victor Hugo: „Gott schuf die Katze, damit der Mensch einen Tiger zum Streicheln hat."

Daniel Defoe: „Wer eine Katze hat, braucht das Alleinsein nicht zu fürchten."

Hans Carossa: „Mahnst mich zu neuem Beginne, du so gelassen und schön! Leise schon hör ich dich spinnen heimliches Orgelgetön."

Charles Baudelaire: „Sie ist der Hausgeist hier; sie richtet, herrscht, begeistert alle Dinge in ihrem Reich; vielleicht ist sie eine Fee, ist sie ein Gott."

Rainer Maria Rilke: „Das Leben und dazu eine Katze, das gibt eine unglaubliche Summe, ich schwör's Euch!"

Und zum Schluß noch ein nicht ganz so schmeichelhaftes Zitat von Goethe: *„Eine heruntergekommene Prinzessin aus dem Löwengeschlecht."*

VERGANGENHEIT UND GEGENWART

Katzen in Literatur, Märchen und Musik

Mit ihrer Zärtlichkeit, Schönheit und Würde wurde die Katze schon immer vor allem von Menschen geschätzt, die sich den schönen Künsten verschrieben haben. Viele Dichter, Schriftsteller und Komponisten ließen sich vom Schnurren der samtpfötigen Hausgenossen inspirieren und setzten der Katze in ihren Werken ein Denkmal.

Daß die Katze nach dem Elend im Mittelalter wieder hoffähig wurde, ist den italienischen Dichtern Dante Alighieri, Francesco Petrarca und Torquato Tasso zu verdanken, die offen ihre Sympathie für dieses so lange geächtete Tier bekundeten.

Der spanische Dichter Lope de Vega beschreibt in seiner Burleske „Gatomacchia" einen Katzenkrieg mit der Kätzin Zapaquilda als schöner Helena, und in den Fabeln des französischen Dichters La Fontaine erscheint die Katze als von den Göttern in Fleisch und Blut verwandelte Geliebte. Am häufigsten gedruckt wurde die 1641 erstmals erschienene Geschichte von Dick Whittington und seinen Katzen „Mitz und Mutz".

Zu den Katzenfreunden gehörte auch Goethe. Während jedoch in seinem „Reineke Fuchs" der Kater Hinze vom Fuchs hereingelegt wird, ist E.T.A. Hoffmanns weltberühmter „Kater Murr" ein überaus intelligentes und gebildetes Wesen. Berühmtheit erlangte ebenfalls der „Kater Hidigeigei" aus Viktor von Scheffels „Trompeter von Säckingen".

Weltweit bekannt ist das Märchen vom gestiefelten Kater, das Ludwig Tieck für die Theaterbühne bearbeitete und die Gebrüder Grimm in ihre Märchensammlung aufnahmen. Daneben gibt es eine ganze Reihe anderer Märchen, in denen zur Freude der Kinder die Katze eine Hauptrolle spielt.

In dem Gedicht „Mimi" beschreibt Heinrich Heine die Freuden eines freien Kätzchens, das Katerjunggesellen anlockt, und Eduard Mörike läßt „die Katzen Weißling und Sauberschwanz"

In vielen literarischen Werken der Vergangenheit und Gegenwart spielt die Katze eine Hauptrolle.

zum Geburtstag gratulieren. Berühmt wurden Theodor Storms Kater Graps in „Bulemanns Haus" und sein Gedicht von den „Maikätzchen". Eine der schönsten Katzengeschichten ist die Novelle „Spiegel, das Kätzchen". In ihr beschreibt der Schweizer Dichter Gottfried Keller, wie ein kluges Kätzchen dem Stadthexenmeister entwischt, der ihr Fell zu einer Mütze verarbeiten will.

Wahre Hymnen an die samtpfötigen Hausgenossen sind Baudelaires „Le Chat" (Die Katze), Guy de Maupassants „Sur les chats" (über die Katzen) und die Katzengeschichten der französischen Schriftstellerin Colette, die stets von Samtpfötchen umgeben war.

Der mit dem Nobelpreis ausgezeichnete englische Dichter Rudyard Kipling schrieb die Erzählung „Die Katze geht ihre eigenen Wege", Joachim Ringelnatz hat der „Katze vor Anker" ein Gedicht gewidmet, T.S. Eliot sinniert in seinem „Old Possums Katzenbuch" über die drei Namen der samtpfötigen Haustiger und Hemingway erzählt die Geschichte von der „Katze im Regen".

Die Katze steht auch im Mittelpunkt einer ganzen Reihe von Romanen und Erzählungen zeitgenössischer Autoren. Doris Lessing schildert in ihrem „Katzenbuch" die Rivalität zwischen ihren beiden Hauskatzen, ihr Verhalten den Menschen gegenüber und „Rufus", den Überlebenskünstler. Verschiedene Katzenpersönlichkeiten, die ihr über den Weg liefen, haben die Schriftstellerin Eva Demski zu ihrem Katzenbuch inspiriert.

Eine Liebeserklärung an alle Samtpfoten ist Tad Williams „Traumjäger und Goldpfote". Um die Erlebnisse ganz junger Kater geht es in „Bartls Abenteuer" von Marlen Haushofer und in „Solos Reise" von Joy Smith Aiken. Gleich zwei Katzenromane schrieb Cleveland Amory: „Die Katze, die zur Weihnacht kam" und „die Katze namens Eisbär", bei der es sich um eine ganz besondere Katze handelt. Ein bemerkenswerter Stubentiger ist auch „Pembrokes Katze". Im Mittelpunkt von Philip J. Davis steht die philosophierende Katze „Thomas Gray", die am ehrenwerten Pembroke College der Universität Cambridge die Gelehrten immer wieder von neuem mit ihrem Wissen verblüfft.

Berichte und Erinnerungen enthält das mit zahlreichen Fotos illustrierte Buch „Meine Katzen" des Kabarettisten Hanns Dieter Hüsch. Helden des Katzenromans „Der Katzenstern" von Jörg Ritter sind Frederic, der Einäugige, Castro, der Schwanzlose, und Ringo, der Graue. Vereint kämpft das Katzentrio gegen das Böse. Als einmalig intelligent erweist sich die graue Tigerkatze „Mrs. Murphy". In den Katzenkrimis der amerikanischen

KATZEN IN LITERATUR, MÄRCHEN UND MUSIK

Schriftstellerin Rita Mae Brown „Schade, daß du nicht tot bist" und „Ruhe in Fetzen" ist sie bei der Spurensuche den Menschen immer eine Schnurrhaarlänge voraus.

Filmruhm erlangte der schlaue Kater „Francis", Held des Katzenkrimis „Felidae" von Akif Pirinçci. Er avancierte mit diesem Roman zum Bestsellerautor und schrieb gemeinsam mit dem Psychologen Rolf Degen „Das große Felidae Katzenbuch". Es schildert, was Katzen fühlen, denken und lieben – kommentiert von „Francis".

Daneben animierte die angeborene Neugierde der Haustiger und ihr sprichwörtlicher „siebenter Sinn" eine ganze Anzahl weiterer mehr oder weniger bekannter Autoren zum Schreiben von Katzenkrimis. Unüberschaubar ist die Zahl der Bilder- und Kinderbücher, in denen die Samtpfötchen zu Ehren kommen, und in einer ganzen Reihe von Bildbänden wird die Schönheit der Katze gewürdigt.

Auch Komponisten ließen sich von der Katze inspirieren. Scarlatti kompo-

Bedeutende Komponisten wie Scarlatti, Mozart und Rossini setzten der Katze ein Denkmal.

nierte eine Katzenfuge, Mozart einen Katzenkanon und Rossini ein Katzenduett. In Tschaikowskys Ballett „Die schlafende Schönheit" wird „Katzenmusik" mit Katzentanz kombiniert. Zu der bekanntesten „Katzenmusik" der Moderne gehören Zez Confreys Jazz-Klassiker „Kitten on the Keys" (Kätzchen auf den Tasten) und natürlich das Musical Cats.

VERGANGENHEIT UND GEGENWART

Kunst und Katze

Nie wieder spielte die Katze eine so entscheidende Rolle in der Kunst wie im alten Ägypten. Noch heute zeugen Bronze-Statuetten sowie Abbildungen auf Denk- und Grabmälern von ihrer glanzvollen Vergangenheit. Erst in der Renaissance wurde das Motiv Katze wiederentdeckt und von bedeutenden Malern auf die Leinwand gebannt.

„Um eine Katze zu malen, dazu gehört Genie", schrieb der französische Dichter und Kunstkritiker Théophile Gautier, dem 25 Katzen – unter ihnen seine Lieblingskatze Séraphita – Gesellschaft leisteten. Der Schöpfer des ersten richtigen Katzenbildes war das Universalgenie Leonardo da Vinci. Allerdings schuf er es wohl mehr aus naturwissenschaftlichem denn aus künstlerischem Interesse. Bei seinen „Zeichnungen von Katzen" handelt es sich um Bewegungsstudien. Sie zeigen, wie die Katze sich putzt, duckt, schleicht, spielt, lauert, jagt, buckelt und faucht.

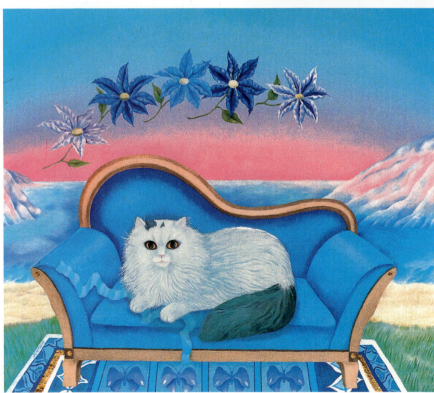

Oben die Statue einer Katze mit Jungen aus dem Kestner-Museum. Darunter die von Kathia Berger gemalte „Perser-Harlekin in Märchenlandschaft".

Auf der Dürer-Grafik vom Sündenfall liegt dem ersten Menschenpaar eine Katze zu Füßen, und der niederländische Maler Pieter Bruegel der Ältere zeichnete das „Katzenkonzert". Katzen sind auch in etlichen Werken des italienischen Malers Tintoretto zu sehen, der vor allem durch seine in Venedig geschaffenen Wand- und Deckengemälde Ruhm erlangte.

Das Bild „Lesestunde" des niederländischen Malers Jan Steen zeigt drei Kinder bei dem Versuch, ihrem miauenden Liebling das Lesen beizubringen, während der französische Rokokomaler Jean Antoine Watteau „die kranke Katze" malte, die wie ein Baby gehalten wird und sich verzweifelt gegen die Untersuchung wehrt.

Ein beliebtes Motiv waren im 18. Jahrhundert Katzen und Kinder. Jean Baptiste Greuze malte das „Porträt von Eugène de Baculard d'Arnaud", Louis-Léopold Boilly das „Porträt von Gabrielle Arnaud als Kind" und Théodore Géricault das „Porträt von Louise Vernet als Kind."

Ein ausgesprochener Katzenfreund war der französische Impressionist Manet, der die „Frau mit Katze auf dem Schoß" malte. Voller Romantik

KUNST UND KATZE

sind Renoirs Bilder „Frau mit Katze" und „Junges Mädchen mit Katze". Selbst Toulouse-Lautrec, der seine Motive vorwiegend in der Pariser Halbwelt suchte, kam an der Katze nicht vorbei. Sein einziges Katzenporträt zeigt „Kätzchen Minette" schön und mit ausgesprochen intelligentem Gesichtsausdruck auf rotem Polster, das sonst den Damen vorbehalten war.

Auch Anfang des 20. Jahrhunderts blieb die Katze ein bei vielen Künstlern beliebtes Motiv. Franz Marc, dessen Vorliebe den Tieren galt, malte „Die weiße Katze" auf gelbem Kissen, und in Werken der Maler Raoul Dufy, Paul Klee und Max Beckmann tauchen ebenfalls Katzen auf.

Ein ganz besonderes Verhältnis zu den samtpfötigen Hausgenossen hatte der spanische Maler Pablo Picasso. Er hielt Katzen für „die rücksichtsvollsten und aufmerksamsten Gesellschafter, die man sich nur wünschen kann." Allerdings sah und malte er sie nicht nur durch die berühmte rosarote Brille, sondern als „zwitterhaftes" Wesen, das zart und wild zugleich ist. Ein Beispiel dafür ist sein Bild „Katze und Vogel".

Ihren ganz eigenen Reiz hat die Katze aus glasiertem Ton, die der zu den führenden Künstlern des Jugendstils gehörende Emile Gallé schuf. Die Katze des Meisters zartfarbiger Gläser mit pflanzlichem Dekor, auch Gallé-Gläser genannt, kann man im Kestner Museum in Hannover bewundern.

Eine wahre Katzeneuphorie löste in den 70er Jahren die Malerin Kathia Berger mit ihren Bildern aus, in denen sie die Katze in einer ganz eigenen Art mit der arbeitsintensiven Technik Öl auf Leinwand in Szene setzte. Ihre Werke wurden durch Postkarten, Kalender und Ausstellungen in aller Welt bekannt. Selbst immer von Samtpfötchen umgeben, betrachtete Kathia Berger die Katze nie nur als Modell, sondern als Geschöpf Gottes.

In der Staatlichen Galerie Moritzburg in Halle hängt die im Jahre 1912 von Franz Marc gemalte „Weiße Katze" auf gelbem Kissen.

BERÜHMTE KATZENFREUNDE

Berühmte Katzenfreunde

Die Namen berühmter Katzenfreunde der Geschichte und Gegenwart sind ein Beweis dafür, daß diese samtpfötigen und eigenwilligen Wesen vor allem von künstlerisch angehauchten Menschen geschätzt wurden und werden. Unter Staatsmännern finden sich nur wenige Freunde der freiheitsliebenden Katze und viele ausgesprochene Katzenhasser.

Diktatoren bevorzugten eindeutig immer den folgsamen Hund. Eine Ausnahme war lediglich Napoleon, der kein Geheimnis aus seiner Liebe zu Katzen machte. Zu den wenigen Katzenfreunden unter Staatsmännern gehörte der gefürchtete französische Staatsmann Kardinal Richelieu, der vor allem spielende weiße Kätzchen liebte.

Bei dem berühmten englischen Admiral Lord Nelson ging die Liebe zu seiner Schiffskatze so weit, daß er seine westindische Frau vernachlässigte und sie sich aus Eifersucht scheiden ließ. Der für seine Härte bekannte und auch Tiger genannte französische Staatsmann Georges Clemenceau soll noch vor Beginn der Alliiertenkonferenz in London eine schwarze Perserkatze als Glücksbringer gekauft haben. Er taufte sie vorausschauend auf den Namen „Prudence", was zu deutsch Vorsicht bzw. Klugheit bedeutet.

Katzen im Weißen Haus

Zu den unbestrittenen Katzenfreunden zählen gleich mehrere amerikanische Präsidenten. Während der Präsidentschaft von Abraham Lincoln durften die miauenden Freunde frei im Weißen Haus herumlaufen und geradezu fasziniert von seinem Kater „Tom Quartz" war Präsident Theodore Roosevelt. Begeistert schrieb er an seinen Sohn: „Tom ist die raffinierteste Katze, die ich kenne."

Mit dem Präsidenten Gerald Ford hielt seine Siamkatze „Cham" Einzug ins Weiße Haus. Auch die ehemaligen Präsidenten George Bush und Jimmy Carter gehören zu den Katzenfreunden. Jedoch stand keine Katze je so im

Mittelpunkt des öffentlichen Interesses wie die Clinton-Katze „Socks". Sie schmückte die vom Präsidentenpaar verschickten Weihnachtskarten und erhielt eigene Fanpost, die zum Ärger der politischen Gegner aus Steuergeldern beantwortet wurde.

Die Geschichte zeigt, daß sich nur wenige Staatsmänner mit der Individualität und dem ausgeprägten Freiheitswillen einer Katze anfreunden konnten. Diktatoren bevorzugten fast ausnahmslos den folgsamen Hund.

VERGANGENHEIT UND GEGENWART

Die Katzentür

Der englische Physiker und Mathematiker Isaac Newton genoß die Gesellschaft seiner Katzen. Allerdings ließ er sich nur ungern bei der Arbeit stören. So soll er die praktische Katzentür mit Durchschlupf am unteren Rand erfunden haben, damit seine Stubentiger ein- und ausgehen konnten, wann sie wollen.

Treue Freunde

Als der französische Schriftsteller und Philosoph Jean Jacques Rousseau wegen der in seinem Roman „Emile" geäußerten religiösen Ansichten verurteilt wurde, floh er in die Schweiz. Er soll es nie verwunden haben, daß er seine geliebte Katze „Minette" zurücklassen mußte. Auch der Theologe, Arzt und Philosoph Albert Schweitzer, vor allem bekannt als Urwald-Arzt in Lambarene, hing an seinen beiden Katzen. Sie erwiesen sich als treue Freunde. Geduldig warteten sie vor dem Operationsraum, bis er mit ihnen zur Hütte ging.

Schnurrende Inspiration

Das innigste Verhältnis zu Katzen hatten zu allen Zeiten Dichter und Schriftsteller. Zu den Literaten, die sich mit Katzen umgaben und sich von ihrem Schnurren inspirieren ließen, gehörten Lord Byron und Victor Hugo ebenso wie Charles Dickens und Charles Baudelaire. Mark Twain genoß den Anblick seiner Katze, wenn sie sich „auf der rauhen Kaminplatte räkelte" und der französische Schriftsteller und Kritiker Paul Léautaud lebte auf dem Lande mit 38 Katzen zusammen.

Hedwig Courths-Maler, Verfasserin von über zweihundert Unterhaltungsromanen, soll einmal gesagt haben, daß ihr schwarzer, schnurrender Schmusekater Felix mit seinen drei weißen Samtpfötchen den Anstoß zu ihrer schriftstellerischen Tätigkeit gab. Eine ganze Anzahl von Katzen hatte immer der Dichter Hermann Hesse um sich, dem 1946 der Nobelpreis verliehen wurde. Seine letzten Begleiter im Tessin waren „Schneeweiß", „Zürcher" und „Zwinkler".

Die Katze des französischen Dramatikers, Filmregisseurs und Choreographen Jean Cocteau trug ein Halsband mit der Aufschrift „Cocteau gehört mir." Daß er auch malen konnte, bewies er mit einer Reihe von Bildern ganz normaler Straßenkatzen.

Viele bedeutende Dichter und Schriftsteller ließen sich vom Schnurren der Katze inspirieren.

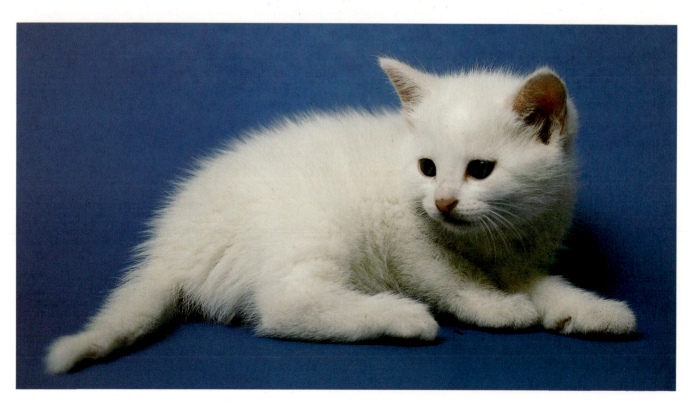

BERÜHMTE KATZENFREUNDE

Ein richtiger Katzennarr war Ernest Hemingway. Auf seiner „Finca Vigia" in Kuba lebten teilweise mehr als fünfzig Katzen.

Stars und Stubentiger

Der ruhende Pol sind die Samtpfötchen für viele der Stars, die im Rampenlicht stehen. Begeisterte Katzenfreunde sind der französische Schauspieler Jean Marais und der deutsche Filmstar O.W. Fischer, der gleich von einer ganzen Schar von Stubentigern umgeben ist. Der französische Liedersänger Georges Brassens, der seine Chansons selbst dichtete und komponierte, hatte stets zwei schwarze Kätzchen um sich.

Zu den Katzenfreunden unter den internationalen Stars gehören auch Peter Ustinov, Placido Domingo, Meryl Streep, Alain Delon und Loriot sowie die Modedesigner Christian Dior, Jil Sander und Wolfgang Joop.

„Oft denke ich, daß viel mehr Leute Katzen haben sollten. Sie würden von ihnen auch eine Menge über den Umgang mit Menschen lernen", schrieb die Schauspielerin, Schriftstellerin und engagierte Tierschützerin Barbara Rütting. Einer ihrer Katzen, die mit vielen anderen Tieren zusammenleben, widmete sie ein Kinderbuch.

Für den Schauspieler Helmut Fischer, der als „Monaco-Franze" bekannt wurde, war die „Niederkunft" seiner Katze Rosy ein großes Erlebnis. Sein Rezept, wenn Katzen nicht schmusen wollen: „Lieb sein und warten. Sie müssen glauben, von sich aus angebandelt zu haben."

Besonders ausgeprägt ist die Liebe zu den samtpfötigen Individualisten bei Stars, die ständig im Rampenlicht stehen.

Register

Aberglaube 176
Abessinierkatze 62, 92
Abmagerung 156
Aggressivität 156
Agouti 92
American Shorthair 84
Amory, Cleveland 178
Angorakatze 46
Appetitlosigkeit 152, 156
Archangelsk-Katze 91
Arzneimittel 153
Atembeschwerden 44
August-Kätzchen 28
Auslaufkatze 24

Baldrian 126
Balinese 59
Bandwürmer 157
Bauchwassersucht 156
Baudelaire, Charles 177 f., 184
Beckmann, Max 181
Beißwut 156
Bengalkatze 71
Berger, Kathia 181
Beruhigungsmittel 170
Bewußtseinsstörungen 158
Bezoare 120
Birma-Katze 55, 79
Birmanie 55
Blutarmut 156
Boilly, Louis-Léopold 180
Brassens, Georges 185
British Blue 88
British Shorthair 84
Brown, Rita Mae 179
Bruegel, Pieter der Ältere 180
Brustgeschirr 133
Burma-Katze 79
Burmilla 80
Bush, George 183

CAC (Certificat d'Aptitude au Championat) 41
CACE (Certificat d'Aptitude au Championat d'Europe) 42
CACIB (Certificat d'Aptitude au Championat International de Beauté) 41
CAGCE (Certificat d'Aptitude au Grand Championat d'Europe) 42
CAGCIB/CAGCI (Certificat d'Aptitude au Grand Championat International de Beauté) 41
Carter, Jimmy 183
Cat-Sitter 172
Champion 41
Chinakatze 98
Chinchilla 48, 80
Clemenceau, Georges 183
Clinton, Bill 183
Cocteau, Jean 184
Colette 178

Colourpoint 52
Cornwall Rex-Cornish 101
Confrey, Zez 179
Courths-Maler, Hedwig 184
Cymric 96

Dante Alighieri 178
Davis, Philip J. 178
Defoe, Daniel 177
Degen, Rolf 179
Delon, Alain 185
Demski, Eva 178
Desinfektionsmittel 159
Dickens, Charles 184
Dior, Christian 185
Domingo, Placido 185
Dürer 180
Duftmarke 27
Dufy, Raoul 181
Durchfall 152, 156 ff.

Eifersucht 22
Eliot, T.S. 178
Erbrechen 152, 159
Erregungssignale 131
Erziehung 132
Eßunlust 156
Europäisch Kurzhaar 88, 91
Europäisch Shorthair 84
Eva 176
Exotic Shorthair 51

Falbkatze, Nubische 10, 92
Faltohrkatze, schottische 98
Fauchen 128
Feline Infektiöse Peritonitis (FIP) 154, 156
Felis silvestris lybica 10
Felis silvestris silvestris 10
Fellpflege 120
Fieber 156
Fischer, Helmut 185
flehmen 126
Flöhe 157
Ford, Gerald 183
Freya 174
Frostschutzmittel 159
Futter 112
Futternapf 106, 113

Gallé, Emile 181
Gautier, Théophile 180
Gebißfehler 44
Gebrüder Grimm 178
Geburt 160
Gehör 126
Gelbsucht 156
Genickgriff 109
Géricault, Théodore 180
Geruchssinn 126
Geschmackssinn 126
Gleichgewichtssinn 127

Goethe, Johann Wolfgang 177 f.
Grand-Champion 42
Gras 120
Grenzformalitäten 171
Greuze, Jean Baptiste 180

Hängeohrkatze, schottische 98
Halsband 122, 126, 133
Haushofer, Marlen 178
Haustierregister, Zentrales 32
Haustier-Suchdienst 32
Havana 75
Heilige Birma 55
Heine, Heinrich 178
Hemingway, Ernest 178, 185
Hesse, Hermann 184
Hexachlorophen 159
Himalayan 52
Hörprobe 35
Hoffmann E.T.A. 178
Hüsch, Hanns Dieter 178
Hugo, Victor 177, 184
Hund 168

Impfpaß 153
Impfschutz 155, 170, 172
Impfung 28, 152, 154
Infektionskrankheiten 152

Jagdinstinkt 165
Jagdtrieb 28
Japanese Bobtail 102
Joop, Wolfgang 185
Juckreiz 157

Kartäuser 84, 88, 91
Kastrat 42
Kastration 26, 27
Kata 176
Kater Graps 178
Kater Hidigeigei 178
Kater Hinze 178
Kater Murr 178
Katze, schwarze 13
Katze, weiße 31
Katzenauge 126
Katzenausstellung 40
Katzenbuckel 128 f.
Katzengras 106, 121
Katzenklo 19, 107, 110
Katzenleukämievirus, FeLV 156
Katzenleukose 154, 156
Katzenminze 126
Katzennamen 124
Katzenschnupfen 28, 154, 156
Katzenseuche 28, 156
Katzensprache 128
Katzentoilette 106, 110
Katzentür 122
Katzenvokabular 131
Katzenzucht 40

REGISTER

Kauf 35, 42
Kaufvertrag 36 f.
Keller, Gottfried 178
Khmerkatze 52
Kipling, Rudyard 178
Klee, Paul 181
Kletterbaum 116
Kniescheibenverrenkung 45
Körbchen 19, 106, 115
Kopfschütteln 153, 157
Korat 83
Krämpfe 159
Krätze 157
Krallen 116
Krallenwetzen 132
Kratzbaum 19, 106, 116, 132
Kratzbrett 117
Kratzen 152, 157
Kurzhaarkatze, Europäische 84, 98

La Fontaine 178
Lähmungserscheinungen 157
Langhaar-Siamese 59
Léautaud, Paul 184
Lebenserwartung 32
Legenden 174
Leine 133
Lessing, Doris 178
Leukose 37
Lincoln, Abraham 183
Lichtempfindlichkeit 152
Lope de Vega 178
Lord Byron 184
Lord Nelson 183
Loriot 185
Lungenentzündung 156
Lysol 159

Mai-Kätzchen 28
Maine Coon 66
Manet, Edouard 180
Manx 30, 96
Marais, Jean 185
Marc, Franz 181
Maupassant, Guy de 178
Milben 157
Mimi 178
Mörike, Eduard 178
Mohammed 174
Mozart, Johann Amadeus 179
Muessa 174

Nachwuchs 160
Napoléon 183
Newton, Isaac 184
Niesen 156
Norsk Skaukatt 65

Orientalisch Kurzhaar 75

Panleukopenie 156
Parasiten 157
Perser 46
Perser, weiße 48
Petrarca, Francesco 178

Phenol 159
Picasso, Pablo 181
Pirinçci, Akif 179
Plaudertöne 131
Premior 42

Qualzüchtung 30 f.

Räude 157
Ragdoll 68
Raserei 156
Rassekatze 25
Rassekatzen-Verbände 40
Registrierung 32
Reineke Fuchs 178
Reinigungsmittel 159
Reise 170
Renoir, Auguste 181
Rex Cornish 101
Rex Devon 101
Rex German 101
Rex Oregon 101
Rex-Katze 30, 101
Richelieu, Kardinal 183
Rilke, Rainer Maria 177
Ringelnatz, Joachim 178
Ritter, Jörg 178
rollig 26
Roosevelt, Theodore 183
Rossini, Gioacchino 179
Rousseau, Jean Jacques 184
Rütting, Barbara 185
Rufsignale 131
Rumpy 96
Rundwürmer 157
Russisch Blau 91

Sander, Jil 185
Scarlatti, Allessandro 179
Scheffel, Viktor von 178
Schielen 44
Schildpatt-Perser 49
Schlafbedürfnis 159
Schlafplatz 114
Schmarotzer 157
Schmusen 164
Schönheitsfehler 44
Schutzgebühr 32
Scottish Fold 98
Scottish Straight 98
Schweitzer, Albert 184
Siamkatze 59, 71, 75
Silbertipping 83
Smith Aiken, Joy 178
Smokeperser 48
Socks 183
Somali 62
Speicheln 159
Sphinx-Katze 30
Spielen 164
Spielzeug 118 f.
Spulwürmer 157
Standard 40
Steen, Jan 180
Sterilisation 26
Storm, Theodor 178

Streep, Meryl 185
Stubenreinheit 110, 133
Stummelschwanzkatze, Japanische 102
Stumpy 96

Tabby 49, 52, 76, 84, 87
Tätowierung 32
tapetum ludicum 126
Tasso-Haustierzentralregister 32
Tasso, Torquato 178
Tastsinn 126
Taubheit 31
Teilnahmslosigkeit 156
Ticking 62, 92
Tieck, Ludwig 178
Tierarzt 29, 41, 152
Tierhändler 29, 32
Tierheim 16, 29 f., 172
Tierpension 172
Tierschutzgesetz 31
Tiffany-Katze 80
Tintoretto 180
Tollwut 154, 156
Tortie 52, 80
Toulouse-Lautrec, Henri de 181
Transportbehälter 109
Transportkorb 115, 152, 170
Treteln 130
Trompeter von Säckingen 178
Tschaikowskij, Pjotr Iljitsch 179
Türkisch Angora 60
Twain, Mark 184

Umzug 173
Untertemperatur 159
Urlaub 170, 172
Ustinov, Peter 185

Van-Katze, Türkische 56
Verbrennungen 159
Verbrühungen 159
Vergiftungen 159
Verhaltensänderung 134
Verhaltensprobleme 134
Versuchslabor 32
Vinci, Leonardo da 180
Vögel 122
Volksmund 174

Waldkatze, Norwegische 65
Wasser 112
Wassernapf 106
Watteau, Jean Antoine 180
Whittington, Dick 178
Wildkatze, Europäische 10
Williams, Tad 178
Wohnungskatze 24
Wollknäuel 118
Wurmkur 172

Zahnfleischentzündungen 153
Zecken 157
Zimmerpflanzen 158
Zitate 177
Züchter 29

Glossar

Agouti (Aguti):
Wildfarben

Bicolour:
Zweifarbig durch Weißscheckung

Cinnamon:
Zimtfarbig

Daumenabdruck:
Heller Fleck auf der Außenseite des Ohres (Wildfleck)

Halsbänder:
Nicht unterbrochene Streifen auf der Brust

Halskrause:
Lange Behaarung auf Schulter und Brust

Höschen (Knickerbocker):
Lange Behaarung der Hinterbeine

Lilac (Lavender):
Fliederfarben, lavendelfarben, blaßviolett

Maske:
Dunklere Färbung im Gesicht bei Siamesen und Colourpoints

Nasenspiegel:
Der nicht behaarte Teil der Nasen-spitze

Odd eyed:
Zwei verschiedenfarbige Augen

Pinch:
Profil mit Einbuchtung

Points:
Abzeichen an Kopf, Ohren, Beinen und Schwanz

Schildpatt:
Zwei Farben (Schwarz und Rot bzw. Blau und Creme) mit Weiß

Seal:
Sealbraun, schwarzbraun

Smoke:
Rauchfarben

Sorrel:
Rotbraun (kupferrot)

Stop:
Kurve oder Einbuchtung im Nasenprofil

Tabby:
Bezeichnung für die Fellzeichnung – getigert (mackarel tabby), getupft (spotted tabby), mit Rädermuster, marmoriert oder gestromt (blotched tabby)

Ticking:
Bänderung jedes einzelnen Haares in drei oder mehr Farbzonen (Agouti-Katzen)

Tipping:
Färbung der Haarspitzen auf hellem Grund

Adressen von Verbänden und Vereinen

Tierschutzverbände

Deutscher Tierschutzbund e. V.
Baumschulallee 15
53115 Bonn
Tel.: 0228-63005 und 697701
(Haustierregister)

Bundesverband Tierschutz
Arbeitsgemeinschaft Deutscher
Tierschutz e. V.
Dr.-Boschheidgenstraße 20
47447 Moers

Tasso Haustierzentralregister e. V.
Postfach 1423
65783 Hattersheim
Tel.: 06190-4088

Katzenverbände

Verein Deutscher Katzenfreunde e. V.
Silberberg 11
22099 Hamburg
Tel.: 040-454842

Katzenschutzbund e. V.
Cat-Sitter-Club
Grafenberger Allee 147
40237 Düsseldorf
Tel.: 0211-663206

Rassekatzen Dachverbände

Fédération Internationale Féline
(F.I.Fe)
Sekreteriat
Boerhavelaan 23
NL-5644 BB Eindhoven
Tel.: 0031-40-119060

Governing Council of the Cat Fancy
(GCCF)
4-6 Penel Orlieu
GB-Bridgewater, Somerset TA6 3PG
Tel.: 0044-278-427575

World Cat Federation (WCF)
Hubertstraße 280
45307 Essen
Tel.: 0201-550755, 555724, 553186

Nationale Verbände und Vereine

Deutschland
1. Deutscher Edelkatzenzüchter-Verband e. V.
(1. DEKZV)
Berliner Straße 13
35614 Asslar
Tel.: 06441-8479

Deutsche Rassekatzen-Union e.V., D.R.U.
Hauptstraße 56
56814 Landkern
Tel.: 02653-6207

Deutsche Edelkatze e. V.
Hubertstraße 280
45307 Essen
Tel.: 0201-550755, 555724, 553186

Niederlande
Felikat
Vuurtorenstraat 7
NL-1976 CJ Ijmuiden
Tel.: 0031-255012445

Mundikat
Kerkstraat 12
NL-9645 GR Muntendam
Tel.: 0031-5987-27335

Österreich
Österreichischer Verband für die Zucht und
Haltung von Edelkatzen
(ÖVEK)
Liechtensteinstraße 126
A-1090 Wien
Tel.: 0043-1-3196423

Klub der Katzenfreunde Österreichs
(KKÖ)
Castellezgasse 8/1
A-1020 Wien
Tel.: 0043-1-2147860

Schweiz
Féderation Féline Helvétique (FFH)
Solothurner Straße 83
CH-4053 Basel
Tel.: 0041-61-357064

Literaturverzeichnis

Brehms Neue Tierenzyklopädie, Verlag Herder, Freiburg 1974
Brunner, Ferdinand: Die unverstandene Katze,
  Verlag J. Neumann-Neudamm, Melsungen 1989
Bulla, Gisela: Katzenlexikon, Rowohlt Verlag,
  Reinbek bei Hamburg 1986
Damjan, Mischa u. Schilling, Rudolf: Mau Mao Miau – Die
  Katze durch die Jahrtausende, Eugen Diederichs Verlag
Herrscher/Theilig: Der Kosmos-Katzenführer,
  Franckh-Kosmos 1994
Leyhausen, Paul: Katzen, eine Verhaltenskunde,
  Verlag Paul Parey, Berlin und Hamburg 1982
Pintera, Albert: Katzen, Verlag Werner Dausien,
  Hanau, Artia, Praha 1988
Schär, Rosemarie: Die Hauskatze, Verlag Eugen Ulmer,
  Stuttgart 1989
Spangenberg, Rolf: Katzen, BLV, München 1994
Taylor, David: Mein großes Katzenbuch, Weltbild Verlag,
  Augsburg 1994
Wink, Ursula u. Ketsch, Felix: Das praktische Katzen-
  buch, Keyserische Verlagsbuchhandlung, München
Wolf, Rosemarie: Katzen, Ulmer, Stuttgart 1992

Bildnachweis

Archiv für Kunst u. Geschichte, Berlin
S. 181

Redaktion „ Ein Herz für Tiere":

Cogis / Labat, J. M.
S. 13 (oben), 42, 46 (oben), 47, 55 (unten), 48 (rechts u. unten links), 49 (oben), 60 (links u. unten), 67, 68 (unten), 69, 71, 73, 75 (oben), 76 (unten), 77, 81, 86 (oben), 87, 88, 90, 93, 94, 96 (oben), 101 (oben links u. rechts), 126 (links), 131, 147 (oben), 149 (oben), 150 (unten), 169 (oben), 182, 183 (oben)

Cogis / Lanceau, Yves
S. 31 (unten), 44, 45, 49, (unten rechts), 50, 51, 52 (oben), 53, 56 (unten), 57, 62 (unten), 63, 68 (oben), 74 (unten), 76 (oben links), 82, 83 (unten), 91 (unten), 95 (unten), 96 (unten), 97, 98 (oben), 99, 103, 104/105, 106, 108 (oben), 129 (unten), 140 (oben), 167 (unten), 175

Cogis / Labat/ Lanceau
S. 79, 80 (oben u. Mitte), 85, 127 (unten), 129 (oben), 148 (unten rechts), 185

Cogis / Amblin
S. 29 (unten), 151, 172

Cogis / DR
S. 170 (unten)

Cogis / Garguil
S. 169 (unten)

Cogis / Gissey
S. 38/39

Cogis / Vidal
S. 43, 108 (unten rechts), 127 (oben), 184 (oben)

Cogis / Gengoux
S. 89, 150 (oben)

Cogis / Lili
S. 126 (Mitte), 158 (2 x)

Cogis / WARA
S. 154

Schanz, Ulrike
S. 21 (oben), 24, 58, 60 (Mitte), 61, 70, 98 (Mitte), 100, 112, 113, 114 (unten), 117 (oben), 132 (unten), 134, 143, 147, 148 (unten links), 164 (unten), 166 (oben), 173

Skogstad, Karin
S. 18 (unten), 59 (Mitte u. unten), 116, 117 (unten), 126 (oben), 162/163, 167 (oben), 183 (unten), 184 (unten)

Kestner-Museum, Hannover
S. 12, 13 (links), 180 (oben)

Okapia KG Bildarchiv,
S. 10 (unten), 128 (oben), Frankfurt / Berlin

Reinhard-Tierfoto, Heiligkreuzsteinach
Titelbilder u. S. 8/9, 10 (oben), 11, 16 (2x), 17 (2 x), 18 (oben), 19, 20 (2 x), 23, 25 (2 x), 26, 27, 28, 29 (oben), 30 (2 x), 31, 33, 34 (2 x), 35, 37, (oben u. Mitte), 40 (2 x), 41, 48 (oben u. unten rechts), 49 (links), 52 (unten), 54, 55 (oben), 56 (oben), 59 (oben), 62 (rechts), 64, 65 (unten), 66 (3 x), 72 (2 x), 74, 76 (oben rechts), 78, 80 (unten), 83 (oben), 84 (3 x), 86 (unten), 91(oben), 92, 95 (oben), 98 (unten), 101 (Mitte u. unten), 102, 107 (unten),108 (unten links), 109, 110, 111, 112 (oben), 115 (3 x), 118 (Mitte u. unten), 119, 120, 121 (2x), 122 (oben u. unten), 123, 124 (2 x), 130 (2 x), 132 (oben), 133, 135, 136/137, 138, 139, 140 (unten), 141, 142 (2 x), 144, 145, 146, 148 (oben u. Mitte), 149 (unten),152, 153, 154 (unten),155, 156, 157 (2 x),158 (2 x), 159, 160 (unten), 161 (2 x), 165, 166 (Mitte u. unten), 168, 174, 176, 177, 178, 179, 186/187

Verein Dt. Katzenfreunde e.V., Hamburg
S. 14 (2 x), 15, 21, 22, 32, 107 (oben), 114 (oben), 125, 128 (unten), 160 (oben), 164 (oben), 170 (oben)

Frechen, Monika
S. 65 (oben)

Heinz, Heide
S. 122 (links)

Neckermann
S. 118 (oben)

Berger, Kathia
S. 180 (unten)